2단계A 완성 스케줄표

공부한 날	주	일	학습 내용
월 일	**1**주	도입	이번 주에는 무엇을 공부할까?
		1일	같은 수 찾기
월 일		2일	수로 나타내기
월 일		3일	규칙에 따라 뛰어 세기
월 일		4일	조건에 맞는 사이의 수
월 일		5일	□가 있는 수의 크기 비교
		특강 / 평가	창의·융합·코딩 / 누구나 100점 테스트
월 일	**2**주	도입	이번 주에는 무엇을 공부할까?
		1일	도형 찾기
월 일		2일	모양에서 규칙 찾기
월 일		3일	칠교놀이와 쌓기나무
월 일		4일	몇만큼 더 큰 수 구하기
월 일		5일	몇만큼 더 작은 수 구하기
		특강 / 평가	창의·융합·코딩 / 누구나 100점 테스트
월 일	**3**주	도입	이번 주에는 무엇을 공부할까?
		1일	몇십을 이용하여 계산하기
월 일		2일	가려진 수 구하기
월 일		3일	주차장에서 차 빼기
월 일		4일	단위길이를 이용하여 길이 나타내기
월 일		5일	cm 단위를 이용하여 길이 나타내기
		특강 / 평가	창의·융합·코딩 / 누구나 100점 테스트
월 일	**4**주	도입	이번 주에는 무엇을 공부할까?
		1일	분류하여 나타내기
월 일		2일	이름을 정하여 분류하기
월 일		3일	묶어서 수 세기
월 일		4일	곱셈으로 문제 해결하기
월 일		5일	가짓수 알아보기
		특강 / 평가	창의·융합·코딩 / 누구나 100점 테스트

공부한 날을 표시하고 하루하루 학습 내용을 살펴보세요.

Chunjae
Makes
Chunjae

▼

기획총괄	김안나
편집개발	김정희, 이근우, 장지현, 서진호, 한인숙,
	최수정, 김혜민, 박웅, 장효선
디자인총괄	김희정
표지디자인	윤순미, 안채리
내지디자인	박희춘, 이혜미
제작	황성진, 조규영

발행일	2020년 12월 15일 초판 2020년 12월 15일 1쇄
발행인	(주)천재교육
주소	서울시 금천구 가산로9길 54
신고번호	제2001-000018호
고객센터	1577-0902

똑 똑 한
하루
사고력

창의·코딩 수학

초등
수학 **2A**
2학년 수준

구성 및 특장

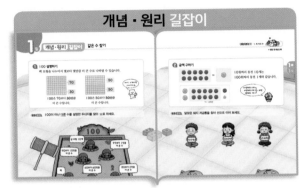

똑똑한 하루 사고력

개념 · 원리 길잡이

개념과 원리를 배우고 문제를 통해 익힙니다.

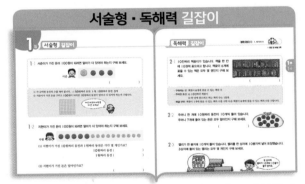

서술형 · 독해력 길잡이

서술형 문제를 푸는 연습을 하고 긴 문제도 해석할 수 있는 독해력을 키웁니다.

하루에 6쪽씩
하나의
주제로 학습합니다.

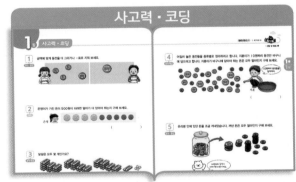

사고력 · 코딩

한 주 동안 학습한 내용과 관련 있는 창의 · 융합 문제와 코딩 문제를 풀어 봅니다.

똑똑한 하루 사고력 특강과 테스트

한 주의 특강

특강 부분을 통해 더 다양한 사고력 문제를 풀어 봅니다.

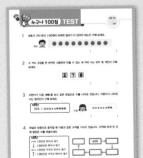

누구나 100점 테스트

한 주 동안 공부한 내용으로 테스트합니다.

차례

백 모형	십 모형	일 모형

268과 326의 크기를 비교해 보니 268은 백 모형이 2개, 326은 백 모형이 3개야. 따라서 326이 더 크네.

만약 줄넘기를 네가 347번을 넘고 내가 356번을 넘었다면 어느 수가 더 클까?

백의 자리 수가 3으로 같으니까 둘 다 같은 크기야.

아니야. 백의 자리 수가 같을 때는 십의 자리 수를 비교해야 해.

347 < 356

아하~ 십의 자리 수가 같으면 일의 자리 수를 비교하면 되겠네.

그렇지!

어? 이상하네.

뭐가?

넌 어제까지만 해도 줄넘기를 서른 번도 못 넘었잖아.

그거야 너무 쉽지.

이렇게 하면 하루 종일 넘을 수도 있지~

풀 짝!

풀 짝!

줄넘기는 줄넘기네······

100은 90보다 10만큼 더 큰 수!

백 모형	십 모형	일 모형

↓

쓰기 247 읽기 이백사십칠

100이 2개,
10이 4개,
1이 7개이면
247이에요.

確認 문제 | 한번 더

1-1 수 모형이 나타내는 수를 쓰고 읽어 보세요.

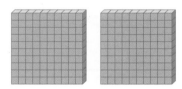

쓰기 (   )
읽기 (   )

1-2 수 모형이 나타내는 수를 쓰고 읽어 보세요.

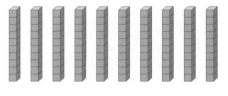

쓰기 (   )
읽기 (   )

2-1 ☐ 안에 알맞은 수를 써넣으세요.

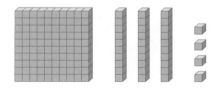

134는 100이 ☐ 개, 10이 ☐ 개,

1이 ☐ 개인 수입니다.

2-2 설명하는 수를 써 보세요.

(1)

> 100이 5개, 10이 3개, 1이
> 6개인 수

(   )

(2)

> 100이 8개, 10이 4개인 수

(   )

교과 내용 확인하기

▶ 정답 및 해설 2쪽

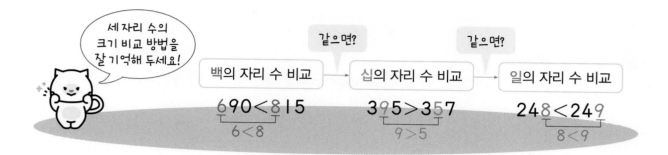

세 자리 수의 크기 비교 방법을 잘 기억해 두세요!

| 백의 자리 수 비교 | 같으면? → 십의 자리 수 비교 | 같으면? → 일의 자리 수 비교 |

690 < 815
6<8

395 > 357
9>5

248 < 249
8<9

확인 문제

3-1 100씩 뛰어서 세어 보세요.

백의 자리 수가 1씩 커져요.

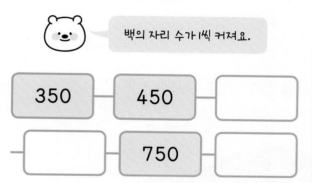

| 350 | 450 | |
| | 750 | |

한번 더

3-2 10씩 뛰어서 세어 보세요.

십의 자리 수가 1씩 커져요.

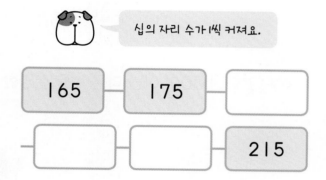

| 165 | 175 | |
| | | 215 |

4-1 수 모형을 보고 두 수의 크기를 비교하여 ○ 안에 > 또는 <를 알맞게 써넣으세요.

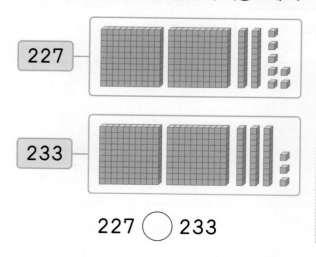

227

233

227 ◯ 233

4-2 두 수의 크기를 비교하여 ○ 안에 > 또는 <를 알맞게 써넣으세요.

(1) 456 ◯ 567

(2) 900 ◯ 896

(3) 135 ◯ 153

(4) 644 ◯ 646

1 100 설명하기

백 모형을 나누어서 몇보다 몇만큼 더 큰 수로 나타낼 수 있습니다.

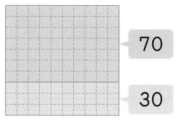

70
30

100은 70보다 **30**만큼
더 큰 수입니다.

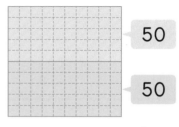

50
50

100은 50보다 **50**만큼
더 큰 수입니다.

100이 ★개이면
★00이지요.

활동 문제　100이 아닌 다른 수를 설명한 두더지를 찾아 ☆표 하세요.

100

십 모형 10개

99보다 1만큼
더 큰 수

90보다 10만큼
더 큰 수

백

40보다 60만큼
더 큰 수

80보다 2만큼
더 큰 수

2 금액 구하기

10원짜리 동전 10개는
100원짜리 동전 1개와 같습니다.

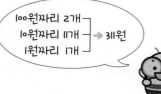

100원짜리 2개
10원짜리 11개 → 311원
1원짜리 1개

활동 문제 알맞은 돼지 저금통을 찾아 선으로 이어 보세요.

512원

242원

510원

1-1 서준이가 가진 돈이 100원이 되려면 얼마가 더 있어야 하는지 구해 보세요.

서준

(   )

① 각 금액별 동전의 수를 세어 봅니다. ➡ 50원짜리 동전: 1개, 10원짜리 동전: 3개

② 서준이가 가진 돈을 구하고 100원이 되려면 10원짜리 동전이 얼마나 더 있어야 하는지 구합니다.

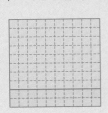

100은 80보다 20만큼 더 큰 수예요!

1-2 지현이가 가진 돈이 100원이 되려면 얼마가 더 있어야 하는지 구해 보세요.

지현

(1) 지현이가 가진 10원짜리 동전과 1원짜리 동전은 각각 몇 개인가요?

10원짜리 동전 (   )

1원짜리 동전 (   )

(2) 지현이가 가진 돈은 얼마인가요?

(   )

(3) 지현이가 가진 돈이 100원이 되려면 얼마가 더 있어야 할까요?

(   )

2-1 10칸짜리 책꽂이가 있습니다. 책을 한 칸에 10권씩 꽂으려고 합니다. 책꽂이 6개에 꽂을 수 있는 책은 모두 몇 권인지 구해 보세요.

(   )

- 구하려는 것: 책꽂이 6개에 꽂을 수 있는 책의 수
- 주어진 조건: ❶ 10칸짜리 책꽂이
  ❷ 한 칸에 꽂으려고 하는 책의 수는 10권
- 해결 전략: 책꽂이 1개에 꽂을 수 있는 책의 수를 구한 다음 책꽂이 6개에 꽂을 수 있는 책의 수를 구합니다.

2-2 주머니 한 개에 10원짜리 동전이 10개씩 들어 있습니다. 주머니 7개에 들어 있는 돈은 모두 얼마인지 구해 보세요.

(   )

2-3 젤리가 한 봉지에 10개씩 들어 있습니다. 젤리를 한 상자에 10봉지씩 넣어 포장했습니다. 3상자에 들어 있는 젤리는 모두 몇 개인지 구해 보세요.

한 상자에
젤리가 10개씩 10봉지
들어 있어요.

(   )

1 금액에 맞게 동전을 더 그리거나 ×표로 지워 보세요.

창의 · 융합

2 은영이가 가진 돈이 500원이 되려면 얼마가 더 있어야 하는지 구해 보세요.

추론

은영

( )

3 달걀은 모두 몇 개인가요?

문제 해결

( )

▶ 정답 및 해설 2쪽

4

문제 해결

어질러 놓은 동전들을 종류별로 정리하려고 합니다. 지훈이가 10원짜리 동전만 바구니에 담으려고 합니다. 지훈이가 바구니에 담아야 하는 돈은 모두 얼마인지 구해 보세요.

( )

5

창의·융합

유리병 안에 있던 돈을 조금 꺼내었습니다. 꺼낸 돈은 모두 얼마인지 구해 보세요.

( )

① 수 카드로 수 만들기

수 카드 한 장을 백의 자리에 먼저 놓은 다음 남은 수 카드를 십의 자리, 일의 자리에 차례로 놓아 수를 만들어 봅니다.

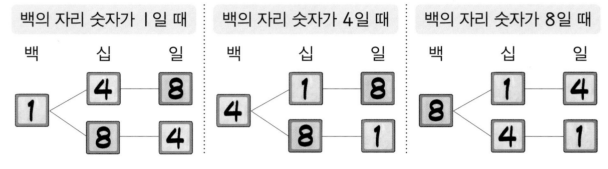

| 백의 자리 숫자가 1일 때 | 백의 자리 숫자가 4일 때 | 백의 자리 숫자가 8일 때 |

➡ 만들 수 있는 세 자리 수: 148, 184, 418, 481, 814, 841

활동 문제 네잎클로버에 적힌 수를 이용하여 세 자리 수를 만들었습니다. 잘못 만든 것에 모두 ×표 하세요.

세잎클로버

2 규칙을 찾아 세 자리 수 나타내기

| 규칙 | 347 → ◆◆◆♥♥♥♥♣♣♣♣♣♣♣ |

◆가 3개, ♥가 4개, ♣가 7개이므로 ◆는 100을, ♥는 10을, ♣는 1을 나타냅니다.

사과 254개

백의 자리	십의 자리	일의 자리
2	5	4

↓

백의 자리	십의 자리	일의 자리
2	0	0
	5	0
		4

각 자리의 숫자를 살펴보세요.

→ ◆◆
→ ♥♥♥♥♥
→ ♣♣♣♣

➡ 사과 254개를 기호로 나타내면 ◆◆♥♥♥♥♥♣♣♣♣입니다.

활동 문제   보기와 같은 방법으로 학교 가는 길에 있는 우체통을 확인하여 학교 앞에 있는 팻말에 알맞은 세 자리 수를 써넣으세요.

보기

100, 10, 1이 적힌 우체통에 들어 있는 편지의 수를 세어 봐요.

1-1 수 카드 3장을 한 번씩만 사용하여 만들 수 있는 세 자리 수는 모두 몇 개인지 구해 보세요.

$\boxed{0}$ $\boxed{1}$ $\boxed{2}$

( )

① 수 카드 한 장을 백의 자리에 먼저 놓습니다. ➡ $\boxed{1}$□□, $\boxed{2}$□□
② 십의 자리에는 백의 자리에 놓은 수를 제외한 나머지 수를 놓습니다.
③ 일의 자리에는 남은 수를 놓습니다.
④ 만든 세 자리 수의 개수를 세어 봅니다.

0은 백의 자리에 놓을 수 없어요!

1-2 수 카드 3장을 한 번씩만 사용하여 만들 수 있는 세 자리 수 중에서 십의 자리 숫자가 일의 자리 숫자보다 더 큰 수를 모두 구해 보세요.

$\boxed{4}$ $\boxed{6}$ $\boxed{9}$

만들 수 있는 세 자리 수는 469, 496, $\boxed{}$, $\boxed{}$, $\boxed{}$, $\boxed{}$ 입니다.
이 중에서 십의 자리 숫자가 일의 자리 숫자보다 더 큰 수는 $\boxed{}$, $\boxed{}$, $\boxed{}$
입니다.

1-3 주사위를 3번 던져서 나온 눈의 수를 한 번씩 사용하여 세 자리 수를 만들려고 합니다. 만들 수 있는 세 자리 수 중에서 짝수는 모두 몇 개인지 구해 보세요.

(1) 만들 수 있는 세 자리 수를 모두 써 보세요.

( )

(2) (1)에서 만든 세 자리 수 중에서 짝수를 모두 찾아 써 보세요.

( )

(3) 만들 수 있는 짝수는 모두 몇 개인가요?

( )

2-1 수아가 다음 규칙 을 보고 같은 방법으로 수를 나타낸 것입니다. 수아가 나타낸 수는 얼마인지 구해 보세요.

( )

- 구하려는 것: 수아가 나타낸 수
- 주어진 조건: ❶ 215 ⇨ ●●■▼▼▼▼▼
  ❷ 수아가 수를 나타낸 방법: ●●●●●●■■■▼▼▼▼▼▼▼▼
- 해결 전략: ●, ■, ▼가 각각 얼마를 나타내는지 알아보고 수아가 나타낸 수를 구합니다.

2-2 세호가 다음 규칙 을 보고 같은 방법으로 수를 나타낸 것입니다. 세호가 나타낸 수는 얼마인지 구해 보세요.

( )

2-3 희정이가 다음 규칙 을 보고 같은 방법으로 수를 나타낸 것입니다. 희정이가 나타낸 수는 얼마인지 구해 보세요.

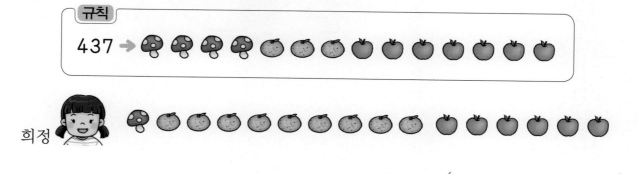

( )

1 은정이의 집을 찾아 색칠해 보세요.

추론

은정

① 우리집은 202호보다 위에 있어요.
② 우리집은 403호보다 왼쪽에 있어요.
③ 우리집 호수의 백의 자리 숫자는 일의 자리 숫자보다 1만큼 커요.

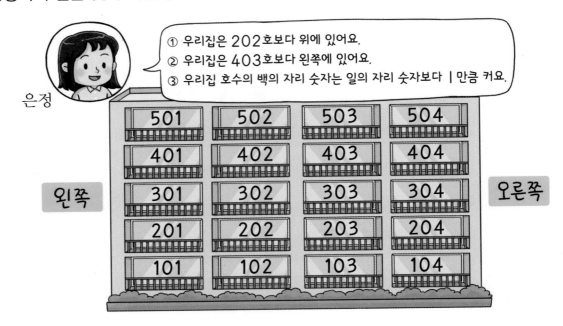

왼쪽

오른쪽

2 화살을 과녁의 노란색 부분에 맞히면 100점, 빨간색 부분에 맞히면 10점, 파란색 부분에 맞히면 1점을 얻습니다. 다음과 같이 화살을 10개 쏘아서 얻은 점수는 모두 몇 점인지 구해 보세요. (단, 과녁에 맞지 않은 화살은 0점입니다.)

창의 · 융합

( )

3 창의·융합

44, 101, 252……와 같이 숫자를 거꾸로 읽어도 원래 수와 같은 수를 팔린드롬 수라고 합니다. 다음과 같이 백의 자리 숫자가 3인 세 자리 수 중에서 팔린드롬 수는 모두 몇 개인지 구해 보세요.

$$3 \; \square \; \square$$

(   )

4 문제 해결

공을 던져서 인형을 맞히면 인형에 적혀 있는 점수만큼 얻을 수 있습니다. 공 3개를 던져서 얻을 수 있는 점수 중에서 세 자리 수를 모두 구해 보세요. (단, 인형을 맞히지 못한 경우에는 맞힐 때까지 다시 던집니다.)

인형	100점짜리	10점짜리	1점짜리		점수(점)
맞힌 개수(개)				→	
				→	
				→	
				→	
				→	
				→	

1 거꾸로 뛰어서 세기

- 100씩 뛰어서 세면 백의 자리 수가 1씩 커집니다.
- 100씩 거꾸로 뛰어서 세면 백의 자리 수가 1씩 작아집니다.

100씩 뛰어서 세기 →

300 400 500 600 700

← 100씩 거꾸로 뛰어서 세기

10씩 거꾸로 뛰어서 세면 십의 자리 수가, 1씩 거꾸로 뛰어서 세면 일의 자리 수가 1씩 작아져요!

활동 문제 320부터 10씩 거꾸로 뛰어서 센 수가 있는 길을 따라가 미로를 통과해 보세요.

2 규칙에 따라 뛰어서 세기

화살표의 방향을 보고 규칙에 따라 뛰어 세기를 합니다.

규칙

→ : 10만큼 뛰어서 세기

↓ : 100만큼 뛰어서 세기

← : 10만큼 거꾸로 뛰어서 세기

↑ : 100만큼 거꾸로 뛰어서 세기

활동 문제 화살표 방향으로 움직일 때 다음과 같은 규칙을 가지고 있습니다. 규칙에 맞게 빈 곳에 알맞은 수를 써넣으세요.

→ : 10만큼 뛰어서 세기   ↓ : 100만큼 뛰어서 세기

← : 10만큼 거꾸로 뛰어서 세기   ↑ : 100만큼 거꾸로 뛰어서 세기

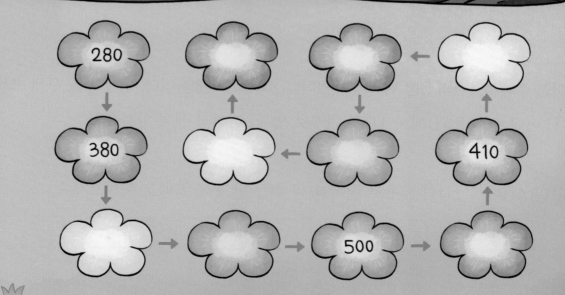

1-1 어떤 수에서 10씩 3번 뛰어서 세었더니 700이 되었습니다. 어떤 수를 구해 보세요.

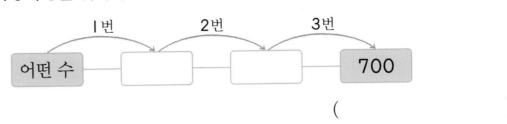

(   )

어떤 수는 700에서 10씩 거꾸로 3번 뛰어서 센 수입니다.

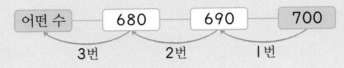

1-2 어떤 수에서 1씩 4번 뛰어서 세었더니 432가 되었습니다. 어떤 수를 구해 보세요.

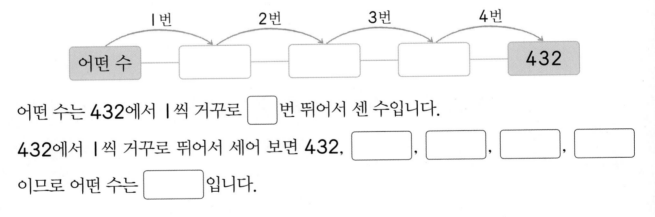

어떤 수는 432에서 1씩 거꾸로 [   ]번 뛰어서 센 수입니다.

432에서 1씩 거꾸로 뛰어서 세어 보면 432, [   ], [   ], [   ], [   ]

이므로 어떤 수는 [   ]입니다.

1-3 어떤 수에서 10씩 5번 뛰어서 세었더니 840이 되었습니다. 어떤 수를 구해 보세요.

(1) 어떤 수는 840에서 10씩 거꾸로 몇 번 뛰어서 센 수일까요?

(   )

(2) 840에서 10씩 거꾸로 뛰어서 센 수를 빈 곳에 차례로 써넣으세요.

840 — [   ] — [   ] — [   ] — [   ] — [   ]

(3) 어떤 수는 얼마인가요?

(   )

2-1 민지가 수 배열표에 다음과 같이 색칠을 했습니다. 민지가 색칠한 부분에 있는 수들을 보고 같은 규칙으로 345부터 수를 차례로 5개 써 보세요.

101	102	103	104	105	106	107	108	109	110
111	112	113	114	115	116	117	118	119	120
121	122	123	124	125	126	127	128	129	130
131	132	133	134	135	136	137	138	139	140
141	142	143	144	145	146	147	148	149	150

104부터 색칠한 부분의 수들은 어느 자리 수가 변하고 있는지 살펴보세요.

345 , ☐ , ☐ , ☐ , ☐

● 구하려는 것: 색칠한 부분에 있는 수들과 같은 규칙으로 345부터 차례로 쓴 수 5개
● 주어진 조건: 수 배열표, 색칠한 부분에 있는 수 104, 114, 124, 134, 144
● 해결 전략: ❶ 색칠한 부분에 있는 수들은 몇씩 뛰어서 세는 규칙이 있는지 알아보기
            ❷ 345부터 같은 규칙으로 뛰어서 센 수를 5개 쓰기

2-2 수 배열표에서 색칠한 부분에 있는 수들과 같은 규칙으로 650부터 수를 차례로 4개 써 보세요.

231	232	233	234	235
236	237	238	239	240
241	242	243	244	245
246	247	248	249	250
251	252	253	254	255

(1) 색칠한 부분에 있는 수들은 235부터 몇씩 뛰어서 세었나요?

(   )

(2) 색칠한 부분에 있는 수들과 같은 규칙으로 650부터 수를 차례로 4개 써 보세요.

650 , ☐ , ☐ , ☐

1 다음 규칙 에 따라 미로를 탈출해 보세요.

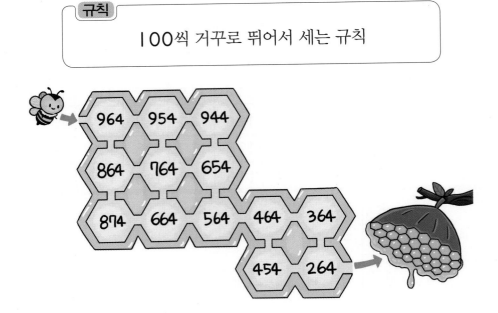

규칙

100씩 거꾸로 뛰어서 세는 규칙

2 화살표 방향으로 움직일 때 다음과 같은 규칙을 가지고 있습니다. 빈 곳에 알맞은 수를 써넣으세요.

→	1만큼 뛰어서 세기
↓	10만큼 뛰어서 세기
←	1만큼 거꾸로 뛰어서 세기
↑	10만큼 거꾸로 뛰어서 세기

555

3 수 배열표를 보고 물음에 답하세요.

501	502	503	504	505	506	507	508	509	510
511	512	513	514	515	516	517	518	519	520
521									
		543							
						577			
								600

(1) 수 배열표에서 화살표 방향에 있는 수들의 규칙을 찾아 ☐ 안에 알맞은 수를 써넣으세요.

　➡ : ☐ 씩 뛰어서 세었습니다.

　⬅ : ☐ 씩 거꾸로 뛰어서 세었습니다.

　⬇ : ☐ 씩 뛰어서 세었습니다.

　⬆ : ☐ 씩 거꾸로 뛰어서 세었습니다.

(2) 규칙에 따라 수 배열표의 색칠한 칸에 알맞은 수를 써넣으세요.

1 두 조건을 만족하는 수 찾기

●보다 큰 수: ●<☐
▲보다 작은 수: ☐<▲ → ●보다 크고 ▲보다 작은 수 → ●<☐<▲

예 100보다 크고 105보다 작은 수 찾기

100보다 큰 수: 101, 102, 103……
105보다 작은 수: 104, 103, 102…… → 101, 102, 103, 104

┌─ 100보다 크고 105보다 작은 수 ─┐

| 100 | 101 | 102 | 103 | 104 | 105 |

100부터 105까지 수를 순서대로 써 보면 쉬워요.

활동 문제 755보다 크고 760보다 작은 수를 모두 찾아 ◯표 하세요.

754 761 756

759 757 758 753

2 사이의 수

●와 ▲ 사이의 수는 ●보다 크고 ▲보다 작은 수를 의미합니다.

어떤 수가 ●와 ▲ 사이의 수일 때, ●<(어떤 수)<▲로 나타낼 수 있습니다.

예 200과 300 사이의 수

→ 200보다 크고 300보다 작은 수

→ 200<▢<300

→ ▢=201, 202, 203 …… 298, 299

200과 300 사이의
수에는 200과 300이
포함되지 않아요.

활동 문제 어선에서 낚시를 하고 있습니다. 어선에서 잡으려고 하는 물고기를 모두 선으로
이어 보세요.

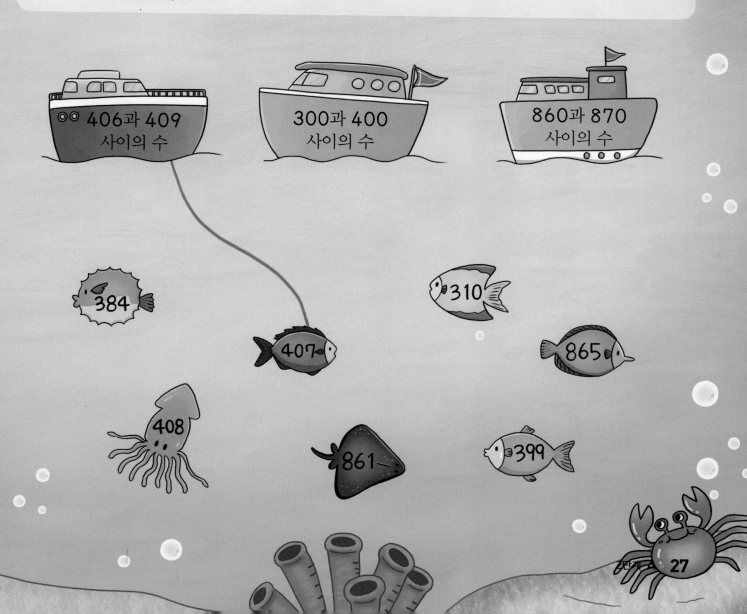

1-1 ☐ 안에 들어갈 수 있는 세 자리 수는 모두 몇 개인지 구해 보세요.

$$739 < \boxed{} < 743$$

(   )

739부터 743까지의 수를 순서대로 쓴 후 739와 743 사이에 있는 수의 개수를 세어 봅니다.

→ 739 ┬ 740 ─ 741 ─ 742 ┬ 743
　　　　　└─── 사이의 수 ───┘

1-2 ● 안에 들어갈 수 있는 세 자리 수는 모두 몇 개인지 구해 보세요.

$$209 < ● < 217$$

209보다 크고 217보다 작은 세 자리 수는 ☐, ☐, ☐, ☐,
☐, ☐, ☐ 입니다.
따라서 ● 안에 들어갈 수 있는 세 자리 수는 모두 ☐개입니다.

1-3 ☐ 안에 들어갈 수 있는 세 자리 수는 모두 몇 개인지 구해 보세요.

$$496 < \boxed{} < 504$$

(1) ☐ 안에 들어갈 수 있는 세 자리 수를 작은 수부터 차례로 모두 써 보세요.

(   )

(2) ☐ 안에 들어갈 수 있는 세 자리 수는 모두 몇 개인가요?

(   )

2-1 ㉠과 ㉡ 사이에 있는 세 자리 수는 모두 몇 개인지 구해 보세요.

> ㉠ 100이 6개, 10이 9개인 수
> ㉡ 300에서 100씩 4번 뛰어서 센 수

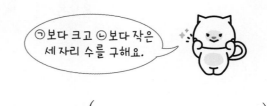
㉠보다 크고 ㉡보다 작은 세 자리 수를 구해요.

(   )

- 구하려는 것: ㉠과 ㉡ 사이에 있는 세 자리 수의 개수
- 주어진 조건: ㉠ 100이 6개, 10이 9개인 수, ㉡ 300에서 100씩 4번 뛰어서 센 수
- 해결 전략: ㉠과 ㉡을 각각 구한 후 ㉠보다 크고 ㉡보다 작은 세 자리 수를 모두 구하여 개수를 세어 봅니다.

2-2 ㉠과 ㉡ 사이에 있는 세 자리 수는 모두 몇 개인지 구해 보세요.

> ㉠ 100이 2개, 10이 9개, 1이 6개인 수
> ㉡ 310에서 1씩 거꾸로 4번 뛰어서 센 수

(1) ㉠과 ㉡이 나타내는 수를 각각 구해 보세요.

㉠ (   ), ㉡ (   )

(2) ㉠과 ㉡ 사이에 있는 세 자리 수를 모두 써 보세요.

(   )

(3) ㉠과 ㉡ 사이에 있는 세 자리 수는 모두 몇 개인가요?

(   )

2-3 ㉠과 ㉡ 사이에 있는 세 자리 수 중에서 짝수는 모두 몇 개인지 구해 보세요.

> ㉠ 100이 4개, 10이 3개, 1이 1개인 수
> ㉡ 410에서 10씩 4번 뛰어서 센 수

(   )

1 □ 안에 공통으로 들어갈 수 있는 세 자리 수를 모두 구해 보세요.

추론

$$898 < \square < 912 \qquad 907 < \square < 930$$

( )

2 수 카드 **2**, **5**, **3** 을 한 번씩만 사용하여 다음 식을 만족하는 세 자리 수를 만들어 보세요.

추론

$$530 < \square\square\square < 600$$

( )

3 다음 조건 을 모두 만족하는 세 자리 수를 모두 구해 보세요.

문제 해결

조건

• 300보다 작은 수입니다.

• 200보다 큰 수입니다.

• 십의 자리 숫자와 일의 자리 숫자의 합이 3입니다.

( )

▶정답 및 해설 6쪽

4 주어진 식을 보고 알맞게 색칠해 보세요.
문제 해결

$$470<\blacksquare<507<\blacksquare<711<\blacksquare$$

195	419	101	468	166	274	261	147	999
369	102	684	703	524	200	450	712	733
210	639	540	565	508	710	390	400	800
282	304	471	470	505	444	189	278	199

5 시작 부분에 어떤 수를 넣으면 다음과 같은 순서에 따라 끝 부분으로 결과가 나옵니다. 물음에 답하세요.
코딩

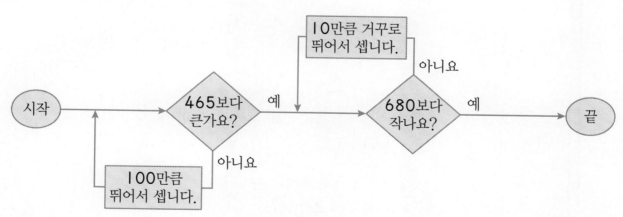

(1) 300을 넣었을 때의 결과 값은 얼마일까요?

( )

(2) 715를 넣었을 때의 결과 값은 얼마일까요?

( )

1 ☐ 안에 들어갈 수 있는 수 구하기

☐36 > 735 ── 기호가 벌어진 쪽이 큰 수입니다.
→ (큰 수) > (작은 수)

☐ 안에 0부터 9까지의 숫자를 차례로 넣어서 알아볼 수도 있어요.

① 먼저 백의 자리끼리 비교해 보면 ☐ > 7이므로 ☐ 안에는 7보다 큰 수가 들어갈 수 있습니다.

② 십의 자리 수는 같고, 일의 자리 수를 비교하면 6 > 5이므로 ☐ 안에 7을 넣어도 식이 성립합니다. ── 736 > 735

→ ☐ 안에 들어갈 수 있는 수는 7, 8, 9입니다.

활동 문제 퍼즐에 적힌 식을 보고 빠진 퍼즐 조각 자리에 0부터 9까지의 숫자 중에서 알맞은 숫자를 써넣으세요.

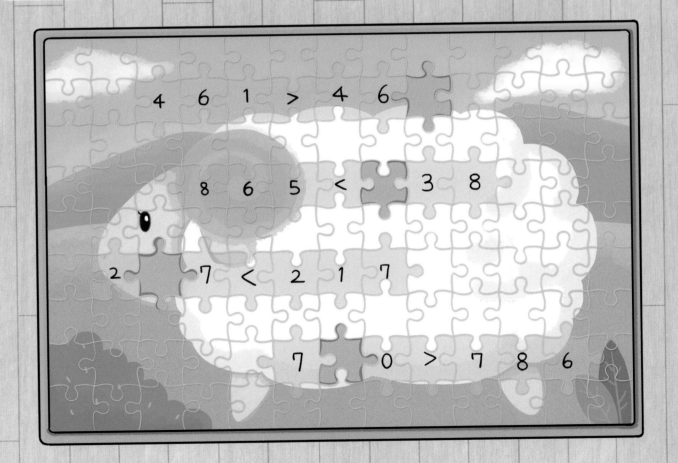

▶정답 및 해설 6쪽

② ▢가 있는 수의 크기 비교

| ▢4   29▢   26▢

① 백의 자리 수를 먼저 비교하면 | < 2이므로 | ▢4가 가장 작습니다.

② 29▢와 26▢는 백의 자리 수가 2로 같으므로 십의 자리 수를 비교하면
9 > 6입니다. 따라서 29▢가 더 큽니다.

→ | ▢4 < 26▢ < 29▢

가장 작은 수   가장 큰 수

백, 십, 일의 자리
순서로 크기를
비교해요.

활동 문제 저울을 이용하여 물건들의 무게를 재었습니다. 무게의 일부분이 가려져 있습니다.
더 무거운 것에 ○표 하세요. (단, 물건들의 무게는 모두 세 자리 수입니다.)

❶

사과   ○○○   복숭아   ○○○

❷

양파   ○○○   토마토   ○○○

❸

농구공   ○○○   축구공   ○○○

❹
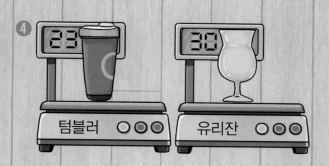

텀블러   ○○○   유리잔   ○○○

1-1 ☐ 안에 들어갈 수 있는 숫자는 모두 몇 개인지 구해 보세요.

$$768 < 7\boxed{}8$$

(   )

① 백의 자리, 십의 자리, 일의 자리 수를 차례로 비교해 보고 ☐ 안에 들어갈 수 있는 숫자를 모두 구합니다.

➜ 백의 자리, 일의 자리 수가 같고, 십의 자리 수를 비교하면 6<☐입니다.

② ☐ 안에 들어갈 수 있는 숫자의 개수를 셉니다.

1-2 ★ 안에 들어갈 수 있는 숫자는 모두 몇 개인지 구해 보세요.

$$165 > 1\bigstar8$$

백의 자리 수를 먼저 비교하면 ☐로 같으므로 십의 자리 수를 비교해 봅니다.

십의 자리 수를 비교하면 ☐>★입니다.

일의 자리 수를 비교하면 ☐<8이므로 ★ 안에 6은 들어갈 수 없습니다.

따라서 ★ 안에 들어갈 수 있는 숫자는 ☐, ☐, ☐, ☐, ☐, ☐로 모두 ☐개입니다.

1-3 ☐ 안에 들어갈 수 있는 숫자는 모두 몇 개인지 구해 보세요.

$$8\boxed{}0 < 859$$

(1) ☐ 안에 들어갈 수 있는 숫자를 모두 써 보세요.

(   )

(2) ☐ 안에 들어갈 수 있는 숫자는 모두 몇 개인가요?

(   )

2-1 성규와 친구들이 가지고 있는 구슬의 수를 나타낸 것입니다.
구슬을 가장 많이 가지고 있는 친구는 누구일까요?

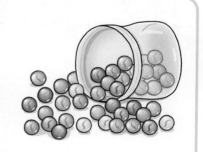

이름	성규	재원	민지
구슬 수(개)	2☐5	30☐	20☐

(   )

- 구하려는 것: 구슬을 가장 많이 가지고 있는 친구
- 주어진 조건: 세 친구가 가지고 있는 구슬의 수
- 해결 전략: 구슬의 수를 백의 자리, 십의 자리, 일의 자리 순서대로 비교해 봅니다.

2-2 수영이와 친구들이 훌라후프를 돌린 횟수를 나타낸 것입니다. 훌라후프를 가장 적게 돌린
친구는 누구인지 구해 보세요.

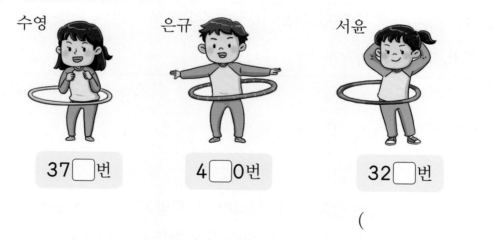

수영   은규   서윤

37☐번   4☐0번   32☐번

(   )

2-3 정현이와 친구들이 읽고 있는 책의 쪽수를 나타낸 것입니다. 가장 두꺼운 책을 읽고 있는
친구는 누구인가요? (단, 종이의 두께는 모두 같습니다.)

이름	정현	지석	은주	진호
책의 쪽수(쪽)	1☐8	24☐	19☐	22☐

(   )

1 연두색 카드에 적힌 수가 주황색 카드에 적힌 수보다 더 큽니다. 연두색 카드의 얼룩진 부분에 들어갈 수 있는 수 중에서 가장 작은 수는 얼마일까요?

●56   555

(   )

2 작은 수부터 순서대로 찾아 빈 곳에 써넣고 알맞은 단어를 완성해 보세요.

368	34□	624	364	7□0	299	644	4□6
오	라	우	키	스	브	루	사

수	299 <34□<	<	<	<	<	<	
글자							

3 같은 모양은 같은 숫자를 나타냅니다. 각 모양이 나타내는 수를 구해 보세요.

9♥9<91♥   ♣50>87♣

♥ (   )

♣ (   )

4 지수와 친구들이 접은 종이별의 수를 나타낸 것입니다. 종이별을 가장 많이 접은 친구는 누구일까요?

문제 해결

지수 2●5

지훈 18■

선호 33■

혜진 35■

(   )

5 가로세로 수 퍼즐을 완성해 보세요.

코딩

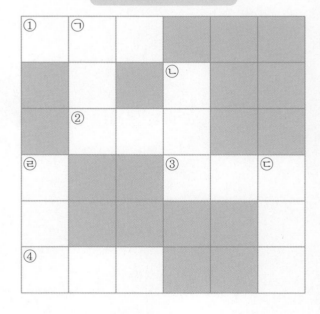

가로세로 수 퍼즐

가로 열쇠

① 200+90+6

② 세 자리 수 중에서 가장 작은 수

③ 600보다 작은 세 자리 수 중에서 가장 큰 수

④ 370과 373 사이의 수 중에서 짝수

세로 열쇠

㉠ 백의 자리, 십의 자리, 일의 자리 숫자의 차가 각각 4인 세 자리 수

㉡ 백의 자리 숫자와 일의 자리 숫자의 합이 10, 차가 0인 세 자리 수

㉢ 10이 90개인 수

㉣ 각 자리 숫자가 모두 3인 세 자리 수

1 꿀벌이 꿀을 찾으러 나왔어요. 갈림길에 써 있는 두 수 중에서 더 큰 수를 따라가야 꿀을 무사히 찾을 수 있어요. 꿀벌이 바른 길을 따라가 꿀을 찾도록 도와주세요. 창의·융합

2 거북이 694부터 1씩 거꾸로 뛰어서 세면서 불가사리가 있는 곳으로 가려고 합니다. 지나가야 하는 ◯를 색칠하여 길을 표시해 보세요. 코딩

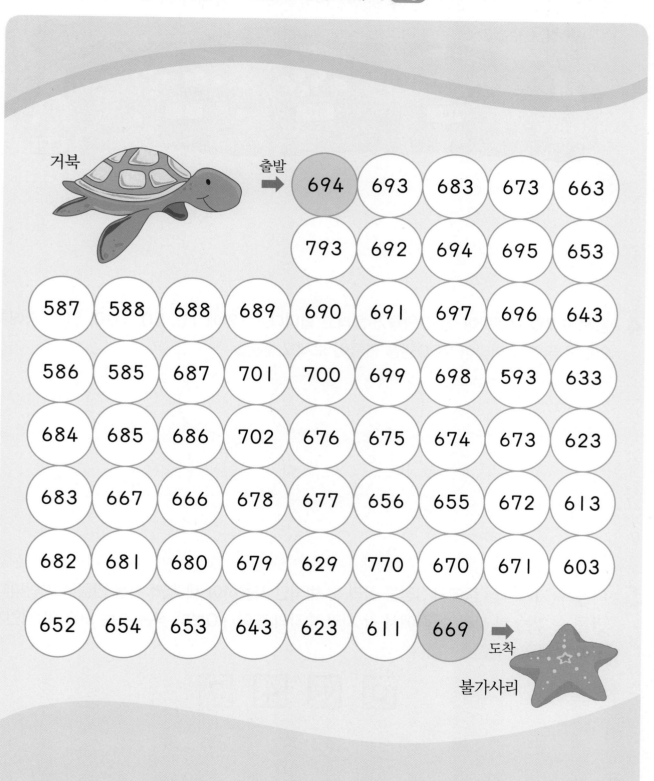

3 콩 주머니를 바구니에 넣으면 바구니에 적힌 점수만큼 얻습니다. 청팀은 파란색 공을, 백팀은 흰색 공을 던졌습니다. 청팀과 백팀의 점수는 각각 몇 점인지 구해 보세요. 창의·융합

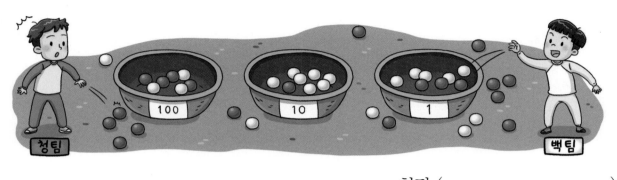

청팀 (   )

백팀 (   )

4 동전 9개를 사용하여 700원을 만들려고 합니다. ○ 안에 10, 50, 100, 500 중에서 알맞은 금액을 써넣어 700원을 만들어 보세요. 추론

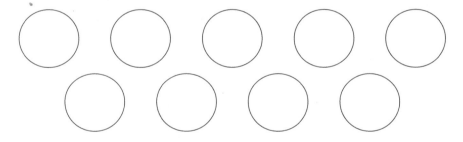

5 다음 수 카드 4장 중에서 3장을 골라 한 번씩만 사용하여 세 자리 수를 만들려고 합니다. 만들 수 있는 세 자리 수 중에서 각 자리 숫자의 합이 10보다 작은 수는 모두 몇 개인지 구해 보세요. 문제 해결

(   )

6 이집트 사람들은 주변에 있는 모양을 본떠서 수를 나타냈는데 이러한 문자를 상형문자라고 합니다. 이집트 사람들이 무엇을 본떠 수를 만들었는지 알아보고 물음에 답하세요. 문제 해결

수	100	10	1
이집트 수	?	∩	|
본뜬 것	밧줄 ﻭ	말발굽 ⌒	나무 막대기 |

① 보기 와 같은 방법으로 수를 나타낼 때 다음 이집트 수가 얼마를 나타내는지 쓰고 읽어 보세요.

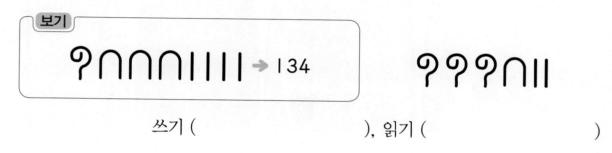

보기

??∩∩∩\|\|\|\| → 134   ???∩\|\|

쓰기 (   ), 읽기 (   )

② 다음 이집트 수를 보고 각 자리 숫자와 그 숫자가 나타내는 값을 써넣으세요.

??∩∩∩\|\|\|\|\| →

자리	백의 자리	십의 자리	일의 자리
숫자	2		
나타내는 수			

③ 487을 이집트 수로 나타내어 보세요.

487

7 다음은 혜경, 수진, 민혁, 영진이가 가지고 있는 동전입니다. 각자 가지고 있는 동전을 모두 저금통에 넣으려고 합니다. 물음에 답하세요. 창의·융합 문제 해결

❶ 네 사람이 가지고 있는 돈은 각각 얼마인지 구해 보세요.

혜경 (   )

수진 (   )

민혁 (   )

영진 (   )

❷ 저금을 많이 한 사람부터 차례로 이름을 써 보세요.

(   )

8 지인이와 친구들이 일주일 동안 넘은 줄넘기 횟수를 표로 나타내었습니다. 그런데 표에서 몇 개의 숫자는 가려져서 보이지 않습니다. 가려진 숫자가 모두 다를 때 창민, 선화, 민영이가 넘은 줄넘기 횟수를 각각 구해 보세요. 창의·융합 추론

이름	지인	창민	선화	민영
줄넘기 횟수(번)	252	25■	●93	19★
많이 넘은 순서	1	2	3	4

① ● 안에 알맞은 숫자를 구해 보세요.

( )

② ■ 안에 알맞은 숫자를 구해 보세요.

( )

③ ★ 안에 알맞은 숫자를 구해 보세요.

( )

④ 창민, 선화, 민영이가 넘은 줄넘기 횟수는 각각 몇 번인지 구해 보세요.

창민 ( )

선화 ( )

민영 ( )

1 세호가 가진 돈이 100원이 되려면 얼마가 더 있어야 하는지 구해 보세요.

세호

(   )

2 수 카드 3장을 한 번씩만 사용하여 만들 수 있는 세 자리 수는 모두 몇 개인지 구해 보세요.

$$\boxed{2} \quad \boxed{7} \quad \boxed{8}$$

(   )

3 지현이가 다음 규칙 을 보고 같은 방법으로 수를 나타낸 것입니다. 지현이가 나타낸 수는 얼마인지 구해 보세요.

지현

(   )

4 화살표 방향으로 움직일 때 다음과 같은 규칙을 가지고 있습니다. 규칙에 맞게 빈 곳에 알맞은 수를 써넣으세요.

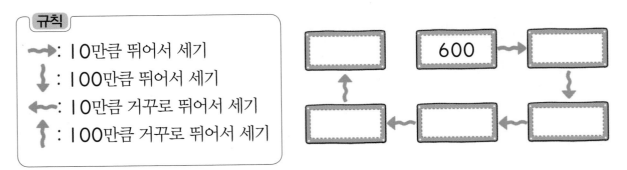

5 어떤 수에서 10씩 3번 뛰어서 세었더니 370이 되었습니다. 어떤 수를 구해 보세요.

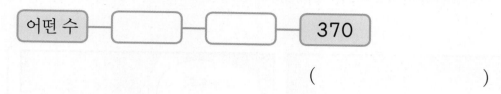

(   )

6 ☐ 안에 들어갈 수 있는 세 자리 수는 모두 몇 개인지 구해 보세요.

$$208 < \boxed{} < 215$$

(   )

7 ★ 안에 들어갈 수 있는 숫자는 모두 몇 개인지 구해 보세요.

$$746 < 7★4$$

(   )

8 예성이와 친구들이 접은 종이학의 수를 나타낸 것입니다. 종이학을 가장 많이 접은 친구는 누구일까요?

이름	예성	희원	은주
종이학 수(마리)	19☐	14☐	2☐2

(   )

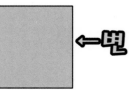

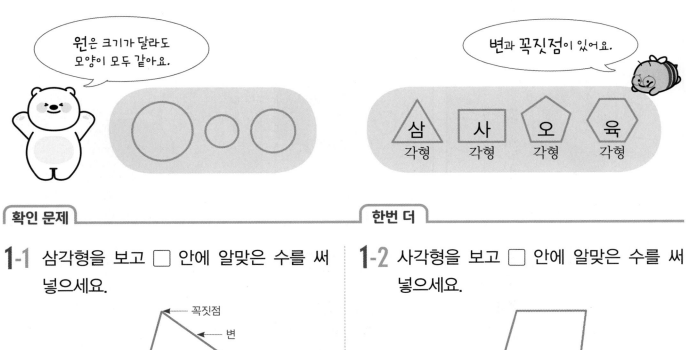

원은 크기가 달라도 모양이 모두 같아요.

변과 꼭짓점이 있어요.

삼	사	오	육
각형	각형	각형	각형

확인 문제

1-1 삼각형을 보고 □ 안에 알맞은 수를 써 넣으세요.

꼭짓점
변

(1) 삼각형은 변이 □개입니다.

(2) 삼각형은 꼭짓점이 □개입니다.

한번 더

1-2 사각형을 보고 □ 안에 알맞은 수를 써 넣으세요.

(1) 사각형은 변이 □개입니다.

(2) 사각형은 꼭짓점이 □개입니다.

2-1 다음 점을 꼭짓점으로 하는 오각형을 그려 보세요.

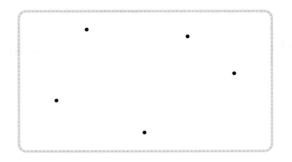

2-2 다음 점을 꼭짓점으로 하는 육각형을 그려 보세요.

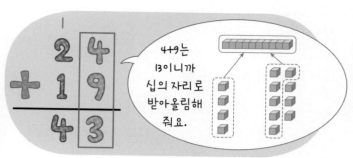

확인 문제

한번 더

3-1 계산을 해 보세요.

(1)
```
    5 3
  + 2 8
  ┌─────┐
  └─────┘
```

(2)
```
    4 4
  - 1 7
  ┌─────┐
  └─────┘
```

3-2 계산을 해 보세요.

(1) $29+94=$ ☐

(2) $61-16=$ ☐

4-1 덧셈을 하여 빈칸에 알맞은 수를 써넣으세요.

(1)

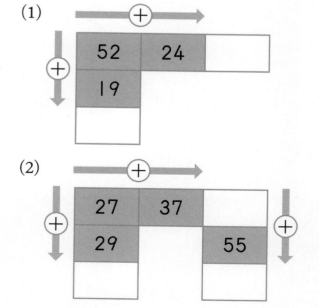

(2)

4-2 뺄셈을 하여 빈칸에 알맞은 수를 써넣으세요.

(1)

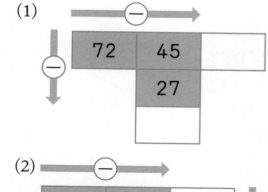

(2)

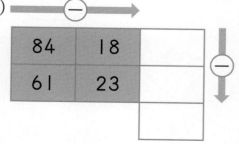

① 원 알아보기

- 원
  다음과 같이 동그란 모양을 원이라고 합니다.

  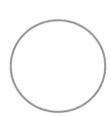

- 원이 아닌 도형
  곧은 선이 있으면 원이 아닙니다.
  길쭉하거나 찌그러진 모양은 원이 아닙니다.

  예

활동 문제 원만 여러 개 그렸는데 일부분이 지워졌습니다. 지워진 부분을 그려 원을 완성하고, 원은 모두 몇 개인지 구해 보세요.

⬇ ☐ 개

⬇ ☐ 개

▶ 정답 및 해설 10쪽

2 삼각형, 사각형, 오각형, 육각형 만들기

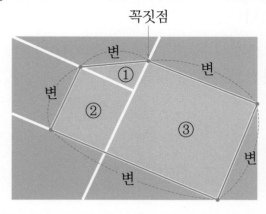

• 삼각형, 사각형 찾기

①은 삼각형이고, ②, ③은 사각형입니다.

• 오각형 만들기

①, ②, ③ 세 부분으로 오각형을 만들었습니다.

오각형은 변이 **5**개, 꼭짓점이 **5**개입니다.

활동 문제 몇 부분을 색칠하여 사각형, 오각형, 육각형을 각각 한 개씩 만들어 보세요.

1-1 설명을 읽고 맞으면 ○표, 틀리면 ×표 하세요.

(1) 삼각형은 곧은 선 **3**개로 둘러싸여 있습니다.

(   )

(2) 사각형의 꼭짓점의 수는 육각형의 꼭짓점의 수보다 많습니다.

(   )

◇각형의 변과 꼭짓점의 수는 각각 ◇개입니다.

1-2 육각형에 대해 설명한 것입니다. □ 안에 알맞은 수를 써넣고 알맞은 말에 ○표 하세요.

(1) 육각형은 꼭짓점이 □개, 변이 □개입니다.

(2) 육각형은 둥근 부분이 (있습니다 , 없습니다).

1-3 오각형에 대한 설명으로 잘못된 것의 기호를 모두 고르고 바르게 고쳐 보세요.

ㄱ 곧은 선으로 둘러싸여 있습니다.
ㄴ 꼭짓점이 **4**개만 있습니다.
ㄷ 삼각형보다 변이 **1**개 더 많습니다.
ㄹ 변의 수와 꼭짓점의 수가 같습니다.

잘못된 것의 기호	바르게 고치기

2-1 민정, 은주, 희준이가 원, 삼각형, 오각형 중 서로 다른 도형을 한 가지씩 그렸습니다. 다음을 읽고 희준이가 그린 도형은 무엇인지 구해 보세요.

> • 민정이가 그린 도형은 오각형입니다.
> • 은주가 그린 도형에는 변이 없습니다.

(   )

● **구하려는 것:** 희준이가 그린 도형의 이름
● **주어진 조건:** 서로 다른 도형을 **|**가지씩 그림. 민정이가 그린 도형은 오각형, 은주가 그린 도형에는 변이 없음.
● **해결 전략:** 은주가 그린 도형이 무엇인지 알아보고, 민정이와 은주가 그리지 않은 도형이 무엇인지 찾습니다.

2-2 미주, 지선, 현아는 세 쌍둥이 자매입니다. 세 사람이 삼각형, 사각형, 육각형 중 서로 다른 도형이 한 가지씩 그려진 옷을 입고 있습니다. 지선이를 찾아 ○표 하세요.

> • 현아는 육각형이 그려진 옷을 입지 않았습니다.
> • 미주는 꼭짓점이 모두 **3**개인 도형이 그려진 옷을 입었습니다.

(   ) (   ) (   )

2-3 윤호, 준호, 지민이가 삼각형, 사각형, 오각형 중 서로 다른 도형을 한 가지씩 그렸습니다. 다음을 읽고 사각형을 그린 사람은 누구인지 구해 보세요.

> • 준호가 그린 도형은 변이 **3**개, 꼭짓점이 **3**개 있습니다.
> • 윤호가 그린 도형은 준호가 그린 도형보다 꼭짓점이 **2**개 더 많습니다.

(   )

1 원을 몇 개 그린 것인지 세어 보세요.

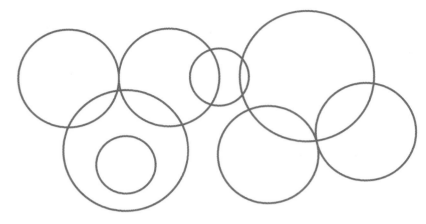

(   )

2 그림 속에 숨어 있는 크고 작은 도형을 개수에 맞게 모두 찾아 그려 보세요.

문제 해결

(1)

사각형 **3**개

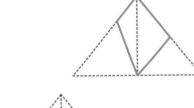

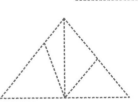 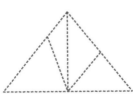

(2)

삼각형 **3**개와
오각형 **1**개

 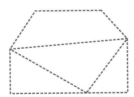

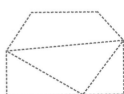 

3 가로 또는 세로로 있는 세 도형의 꼭짓점 수의 합은 모두 같습니다. 빈칸에 알맞은 도형을 그려 넣으세요.

(1)

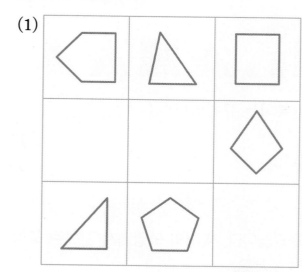

(2)

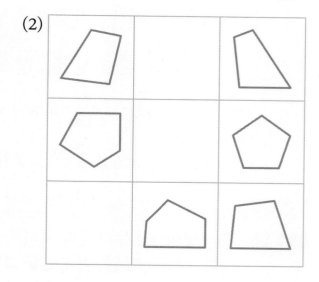

4 사물함에 삼각형, 사각형, 오각형, 육각형을 한 칸에 하나씩 그리려고 합니다. 다음을 읽고 알맞게 그려 넣으세요.

- 변이 **3**개인 도형은 왼쪽에 있습니다.
- 꼭짓점이 **5**개인 도형은 육각형의 바로 오른쪽에 있습니다.
- 변이 **4**개인 도형은 **1**층에 있습니다.

왼쪽　　　　　　　오른쪽

1 모양에서 규칙 찾기

- 늘어놓은 모양에서 규칙 찾기

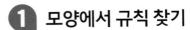

모양이 반복되는 규칙입니다.

> 도형 3개가 반복되는 규칙이 있어요.

다음에 올 모양은 ⬜ 모양입니다.

활동 문제 벽에 규칙적인 무늬의 띠 벽지를 붙였습니다. 벽지의 모양에서 <u>잘못된</u> 도형 하나를 찾아 ×표 하고, 알맞은 모양을 그려 보세요.

❶

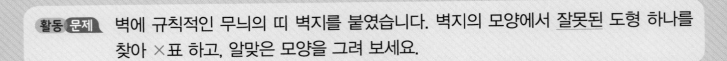

❷

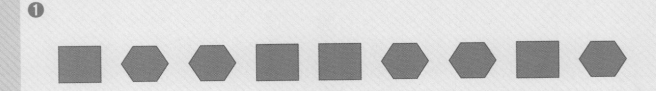

❸

2 모양이 바뀌는 규칙 찾기

사각형 안에
삼각형이 있습니다.
 → 삼각형 안에
사각형이 있습니다.

사각형 안에
원이 있습니다.
 → 원 안에
사각형이 있습니다.

➡ 안쪽과 바깥쪽 도형이 서로 바뀌는 규칙입니다.

활동 문제 도형을 비추면 모양이 달라지는 거울이 있습니다. 모양이 달라지는 규칙을 찾아 빈 칸에 알맞은 모양을 그려 넣으세요.

❶

❷
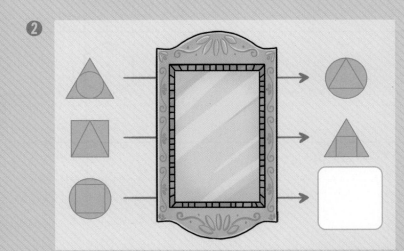

❸
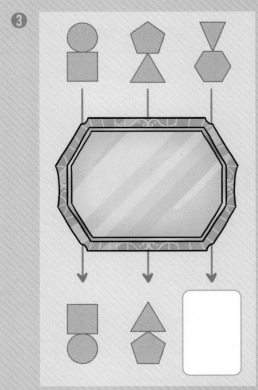

1-1 두 도형의 변의 수의 합을 구해 보세요.

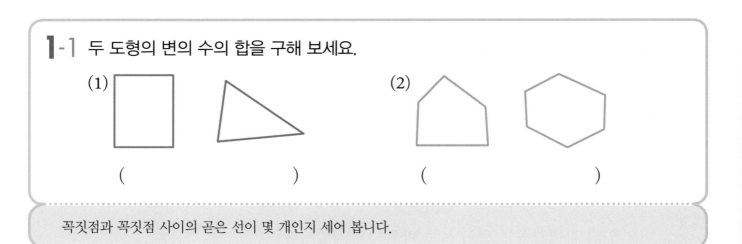

(1)

(   )

(2)

(   )

꼭짓점과 꼭짓점 사이의 곧은 선이 몇 개인지 세어 봅니다.

1-2 다음과 같은 규칙으로 도형을 그렸습니다. 빈칸에 알맞은 수를 써넣고, 꼭짓점 수는 어떻게 변했는지 알아보세요.

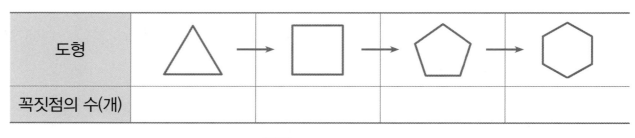

도형				
꼭짓점의 수(개)				

꼭짓점의 수가 ☐ 개씩 늘어나는 규칙입니다.

1-3 다음과 같이 도형을 그렸습니다. 빈칸에 알맞은 수를 써넣고, 변의 수는 어떻게 변했는지 설명해 보세요.

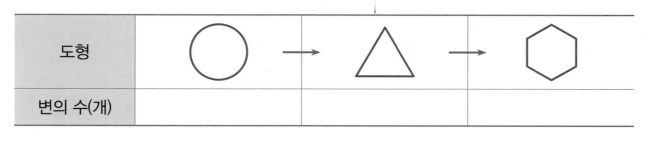

도형			
변의 수(개)			

2-1 어떤 수를 말하고 있는지 규칙을 찾아 ☐ 안에 알맞은 수를 써넣으세요.

- 구하려는 것: ☐ 안에 알맞은 수
- 주어진 조건: 두 도형과 수
- 해결 전략: 사각형과 사각형 ➡ 4+4=8, 육각형과 오각형 ➡ 6+5=11

2-2 도형을 2개씩 짝 지어 늘어놓았습니다. 변의 수의 합에서 규칙을 찾아 ☐ 안에 알맞은 도형을 그려 넣으세요.

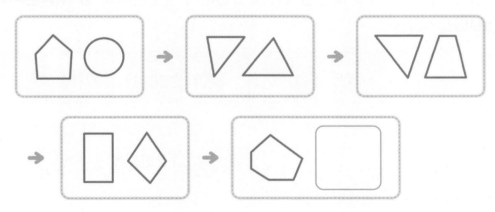

2-3 도형을 2개씩 짝 지어 늘어놓았습니다. 꼭짓점의 수의 합에서 규칙을 찾아 ☐ 안에 알맞은 도형을 그려 넣으세요.

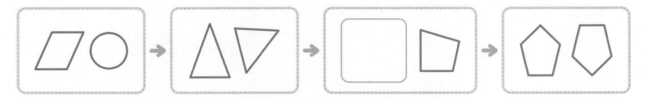

1 가로, 세로의 규칙을 보고 빈칸에 알맞은 그림을 그려 보세요.

문제 해결

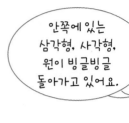

안쪽에 있는 삼각형, 사각형, 원이 빙글빙글 돌아가고 있어요.

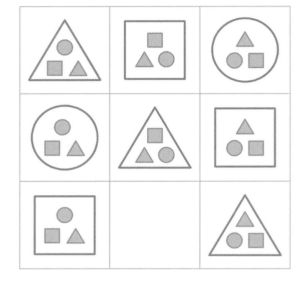

2 일정한 규칙에 따라 도형을 늘어놓았습니다. I2번째에 올 모양은 어떤 모양인지 그려 보세요.

추론

(1)

I2번째에 올 모양 ➡

(2)

I2번째에 올 모양 ➡

주어진 도형을 보고 규칙을 찾아 ☐ 안에 알맞은 그림을 그려 보세요.

(1)
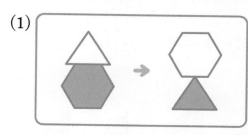   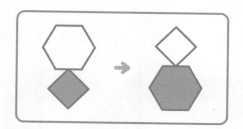

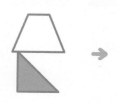 →

(2)
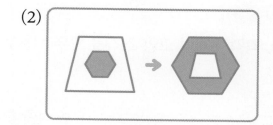   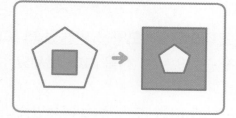

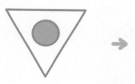 →

 어떤 수를 말하고 있는지 규칙을 찾아 설명하고 ☐ 안에 알맞은 수를 써넣으세요.

① **칠교놀이**
칠교판에서 삼각형의 모양은 모두 같고 크기는 세 종류가 있습니다.

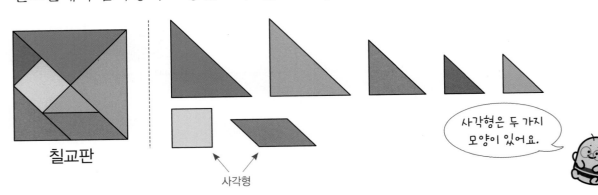

칠교판

사각형

사각형은 두 가지
모양이 있어요.

활동 문제   칠교 조각으로 집 모양을 만들었습니다. 각각 **7**개의 모양 조각을 모두 사용했을 때 어떻게 만들었는지 선을 그어 보세요.

칠교판으로 집 모양을
만들어 보세요.

2 쌓기나무

• 쌓기나무 **3**개를 붙여서 만든 모양

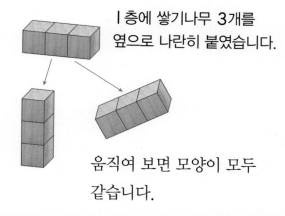

1층에 쌓기나무 **3**개를 옆으로 나란히 붙였습니다.

움직여 보면 모양이 모두 같습니다.

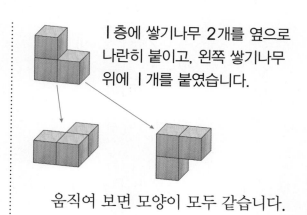

1층에 쌓기나무 **2**개를 옆으로 나란히 붙이고, 왼쪽 쌓기나무 위에 **1**개를 붙였습니다.

움직여 보면 모양이 모두 같습니다.

활동 문제 움직여 보았을 때 서로 같은 모양이 되는 것 **2**개를 찾아 ○표 하세요.

쌓기나무 4개를 붙여서 만든 모양

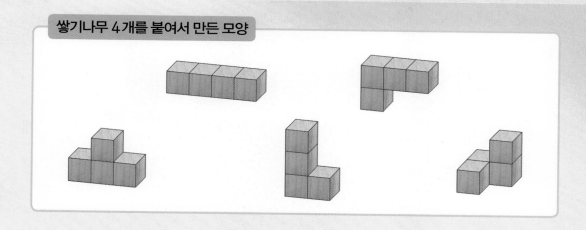

쌓기나무 5개를 붙여서 만든 모양

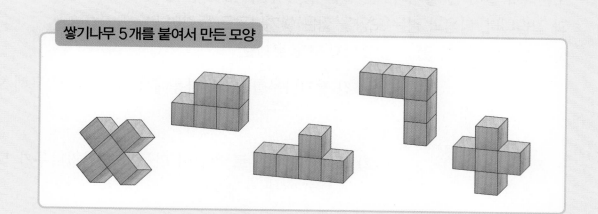

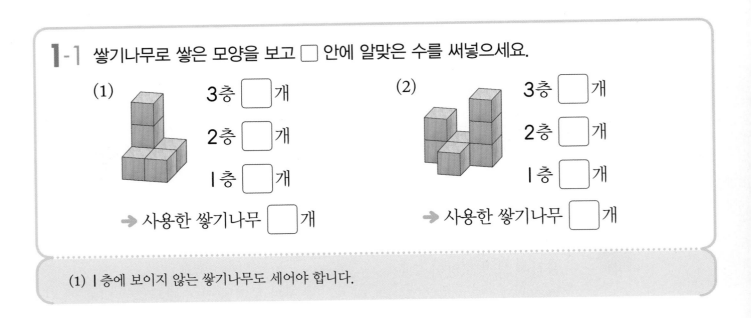

1-1 쌓기나무로 쌓은 모양을 보고 □ 안에 알맞은 수를 써넣으세요.

(1) 3층 □개
2층 □개
1층 □개

➜ 사용한 쌓기나무 □개

(2) 3층 □개
2층 □개
1층 □개

➜ 사용한 쌓기나무 □개

(1) 1층에 보이지 않는 쌓기나무도 세어야 합니다.

1-2 오른쪽과 같은 긴 쌓기나무로 다음과 같은 모양을 만들었습니다. 사용한 쌓기나무는 몇 개인지 구해 보세요.

(1) 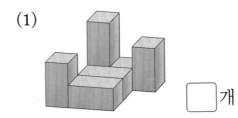 □개

(2)  □개

1-3 오른쪽과 같이 긴 쌓기나무는 짧은 쌓기나무를 2개 붙인 것과 같습니다. 다음과 같은 모양을 짧은 쌓기나무로 똑같이 만들려면 쌓기나무가 몇 개 필요한지 구해 보세요.

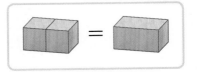

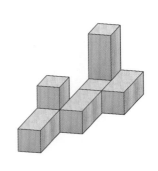

(1) 긴 쌓기나무를 몇 개 사용해서 만들었는지 구해 보세요.

( )

(2) 짧은 쌓기나무로 똑같이 만들려면 쌓기나무가 몇 개 필요한지 구해 보세요.

( )

2-1 다음 모양을 주어진 조건 에 맞게 색칠해 보세요.

> **조건**
> - 초록색 쌓기나무는 빨간색 쌓기나무 뒤에 붙어 있습니다.
> - 초록색 쌓기나무 위에 붙어 있는 쌓기나무는 파란색입니다.
> - 가장 왼쪽에 있는 쌓기나무는 노란색입니다.

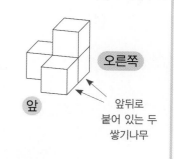

오른쪽

앞

앞뒤로
붙어 있는 두
쌓기나무

- **해결 전략: ①** 초록색 쌓기나무가 빨간색 쌓기나무 뒤에 있으므로 앞뒤로 있는 두 쌓기나무 찾기
  - **②** 조건에 맞게 빨간색, 초록색, 파란색 색칠하기
  - **③** 조건에 맞게 노란색 색칠하기

2-2 짧은 쌓기나무 3개와 긴 쌓기나무 1개를 이용하여 쌓은 모양입니다. 다음 모양을 주어진 조건 에 맞게 색칠해 보세요.

> **조건**
> - 초록색 쌓기나무는 빨간색 쌓기나무보다 아래에 있습니다.
> - 파란색 쌓기나무는 노란색 쌓기나무의 바로 오른쪽에 붙어 있습니다.

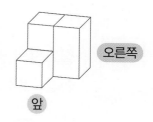

오른쪽

앞

2-3 긴 쌓기나무 6개를 이용하여 만든 모양입니다. 다음 모양을 주어진 조건 에 맞게 색칠해 보세요.

> **조건**
> - 파란색 쌓기나무의 바로 앞에 노란색 쌓기나무가 있습니다.
> - 노란색 쌓기나무의 왼쪽에 있는 쌓기나무는 모두 빨간색입니다.
> - 초록색 쌓기나무가 1개 있습니다.

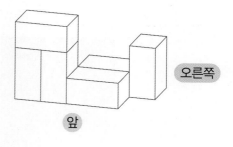

오른쪽

앞

1 지성이는 쌓기나무 4개를 붙여서 만든 모양을 떨어뜨렸습니다. 떨어뜨렸을 때 나올 수 없는 모양을 찾아 ×표 하세요.

(1)

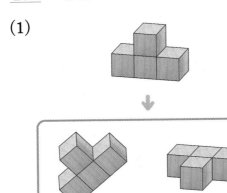

(2)

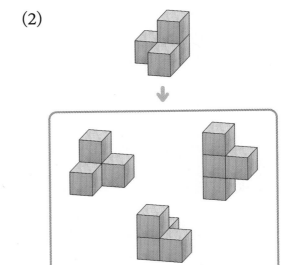

2 칠교판의 빨간색 조각만 모두 사용하여 주어진 모양을 만들었습니다. 어떻게 만들었는지 선을 그어 보세요.

(1)

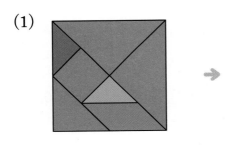

(2)

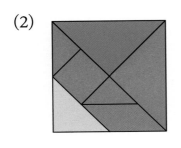

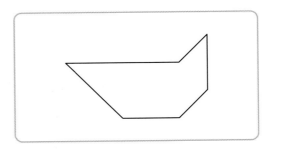

3 코딩

다음에 맞게 쌓기나무에 색칠해 보세요.

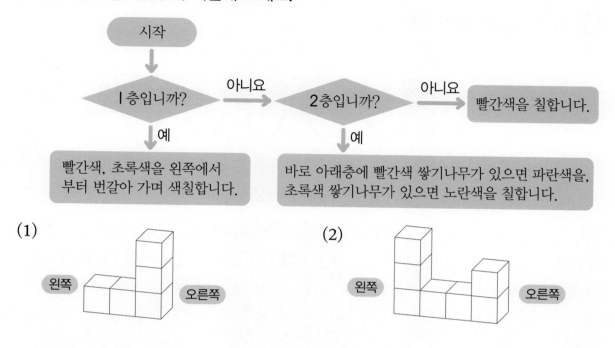

(1)

4 추론

보기 의 모양에서 쌓기나무를 1개만 옮겨 쌓았을 때 만들 수 있는 모양을 모두 찾아 ○ 표 하세요.

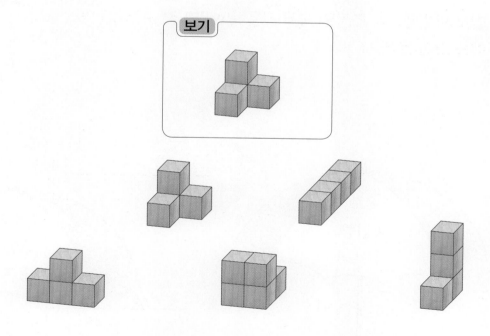

1 **몇만큼 더 큰 수 알아보기**

- 17보다 6만큼 더 큰 수

| 16 | 17 | 18 | 19 | 20 | 21 | 22 | 23 |

6만큼 더 큰
수니까 오른쪽으로
6칸 가 보세요.

17보다 6만큼 더 큰 수는 17에 6을 더한 결과와 같습니다.

➡ 17+6=23

활동 문제 우산 끝의 빗방울에 1씩 커지는 수가 쓰여 있습니다. 우산을 보고 알맞은 수를 찾아
○표 하세요.

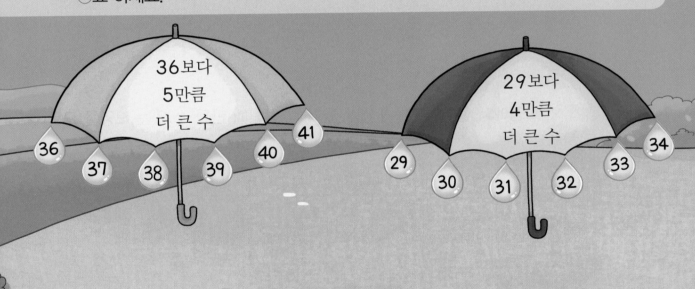

36보다
5만큼
더 큰 수

36 37 38 39 40 41

29보다
4만큼
더 큰 수

29 30 31 32 33 34

38보다
4만큼
더 큰 수

38 39 40 41 42 43

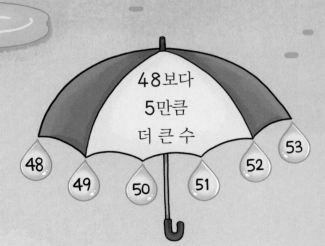

48보다
5만큼
더 큰 수

48 49 50 51 52 53

2 몇만큼 더 큰 수 구하기

• ■보다 ★만큼 더 큰 수 구하기 ➡ ■ + ★

예 25보다 16만큼 더 큰 수 구하기

$$25+16 \Rightarrow \begin{array}{r} 2\ 5 \\ +\ 1\ 6 \\ \hline 4\ 1 \end{array}$$

■에 ★을 더하는 덧셈식을 만들어서 구해요.

활동 문제 우산에 쓰여 있는 수보다 우산 위로 떨어지는 빗방울의 수만큼 더 큰 수를 ☐ 안에 써넣으세요.

1-1 설명하는 수를 구해 보세요.

(1) 54보다 16만큼 더 큰 수

( )

(2) 34보다 67만큼 더 큰 수

( )

△보다 ◇만큼 더 큰 수이므로 덧셈을 이용하여 값을 구합니다. ➡ △+◇

1-2 집 안에 있는 토끼는 27마리이고, 집 밖에 있는 토끼는 집 안에 있는 토끼보다 17마리 더 많습니다. 토끼는 모두 몇 마리인지 구해 보세요.

(1) 집 밖에 있는 토끼는 몇 마리인지 구하는 식을 만들어 보세요.

27마리보다 17마리만큼 더 많음 ➡ ☐ + ☐ = ☐

(2) 토끼는 모두 몇 마리인지 구하는 식을 만들고 답을 구해 보세요.

식 _____

답 _____

1-3 시원이네 집에 보쌈집 쿠폰은 24장 있고, 중국집 쿠폰은 보쌈집 쿠폰보다 38장 더 많습니다. 보쌈집 쿠폰과 중국집 쿠폰은 모두 몇 장 있는지 구해 보세요.

(1) 중국집 쿠폰은 몇 장 있는지 구하는 식을 만들어 보세요.

24장보다 38장만큼 더 많음 ➡ _____

(2) 보쌈집 쿠폰과 중국집 쿠폰은 모두 몇 장 있는지 구하는 식을 만들고 답을 구해 보세요.

식 _____

답 _____

2-1 물고기 2마리가 먹이를 나누어 먹습니다. 다음을 읽고 두 물고기가 먹은 먹이는 모두 몇 알인지 구해 보세요.

> • 큰 물고기가 먹은 먹이는 작은 물고기가 먹은 먹이보다 12알 더 많습니다.
> • 작은 물고기가 먹은 먹이의 수는 6알입니다.

(   )

• 구하려는 것: 두 물고기가 먹은 먹이의 수
• 주어진 조건: 작은 물고기가 먹은 먹이의 수는 6알,
   큰 물고기가 먹은 먹이의 수는 작은 물고기가 먹은 먹이의 수보다 12알 더 많음.
• 해결 전략: ❶ (큰 물고기가 먹은 먹이의 수)＝(작은 물고기가 먹은 먹이의 수)＋12
   ❷ (두 물고기가 먹은 먹이의 수)＝ (❶에서 구한 수)＋(작은 물고기가 먹은 먹이의 수)

2-2 엄마 곰과 아기 곰이 물고기를 먹었습니다. 다음을 읽고 곰 두 마리가 먹은 물고기는 모두 몇 마리인지 구해 보세요.

> • 엄마 곰이 먹은 물고기는 아기 곰이 먹은 물고기보다 3마리 더 많습니다.
> • 아기 곰이 먹은 물고기는 14마리입니다.

(   )

2-3 닭 2마리가 애벌레를 먹었습니다. 다음을 읽고 닭 두 마리가 먹은 애벌레는 모두 몇 마리인지 구해 보세요.

> • 큰 닭이 먹은 애벌레는 작은 닭이 먹은 애벌레보다 16마리 더 많습니다.
> • 작은 닭이 먹은 애벌레는 24마리보다 13마리 더 많습니다.

(   )

1 소들에게 번호표를 달았습니다. 번호의 합이 **50**인 소끼리 같은 울타리 안에 있도록 울타리를 그려 보세요.

창의 · 융합

2 주어진 수 카드를 모두 한 번씩 사용하여 다음과 같은 모양을 만들려고 합니다. 규칙 에 맞게 빈 카드에 수를 써넣으세요.

추론

> 규칙
>
> • 오른쪽에 놓인 수는 바로 왼쪽에 놓인 수보다 **25**만큼 더 큽니다.
> • 아래쪽에 놓인 수는 바로 위쪽에 놓인 수보다 **13**만큼 더 큽니다.

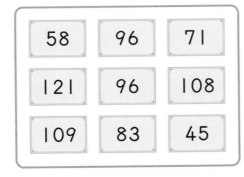

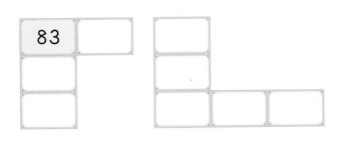

3
코딩

왼쪽 순서대로 주어진 방향으로 한 칸씩 이동합니다. 이동했을 때 얻는 물건의 가격을 모두 더하면 얼마인지 구해 보세요.

위쪽

오른쪽 ➡
위쪽 ⬆
오른쪽 ➡
위쪽 ⬆
오른쪽 ➡

33원	34원	21원	26원	11원
10원	27원	15원	50원	32원
21원	22원	12원	13원	14원
출발	15원	17원	42원	51원

오른쪽

(   )

4
문제 해결

수아와 예준이가 볼링 핀 쓰러뜨리기 놀이를 하였습니다. 수아가 쓰러뜨린 볼링 핀은 2개이고, 예준이가 쓰러뜨린 볼링 핀은 1개입니다. 대화를 보고 예준이가 쓰러뜨린 볼링 핀에 알맞은 수를 구해 보세요.

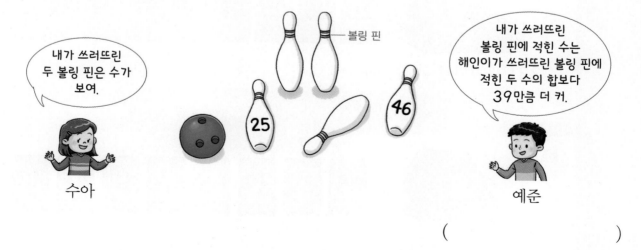

내가 쓰러뜨린 두 볼링 핀은 수가 보여.

볼링 핀

25

46

내가 쓰러뜨린 볼링 핀에 적힌 수는 해인이가 쓰러뜨린 볼링 핀에 적힌 두 수의 합보다 39만큼 더 커.

수아   예준

(   )

1 몇만큼 더 작은 수 알아보기

· 53보다 5만큼 더 작은 수

| 46 | 47 | 48 | 49 | 50 | 51 | 52 | 53 |

5만큼 더 작은 수니까 왼쪽으로 5칸 가 보세요.

53보다 5만큼 더 작은 수는 53에서 5를 뺀 결과와 같습니다.

➡ 53−5=48

활동 문제 캠핑장에 텐트를 칠 수 있는 판이 설치되어 있습니다. 번호가 순서대로 쓰여 있을 때 다음을 보고 알맞은 번호가 쓰여 있는 판을 찾아 ○표 하세요.

❶

| 47 | 48 | 49 | 50 | 51 | 52 | 53 | 54 |

53보다 5만큼 더 작은 수

❷

| 25 | 26 | 27 | 28 | 29 | 30 | 31 | 32 | 33 |

33보다 7만큼 더 작은 수

❸

| 35 | 36 | 37 | 38 | 39 | 40 | 41 | 42 |

41보다 6만큼 더 작은 수

2 몇만큼 더 작은 수 구하기

- ■보다 ★만큼 더 작은 수 구하기 → ■ ─ ★

예 46보다 17만큼 더 작은 수 구하기

$$46-17 \rightarrow \begin{array}{r} \overset{3}{\cancel{4}}\ \overset{10}{6} \\ -\ 1\ 7 \\ \hline 2\ 9 \end{array}$$

■에서 ★을 빼는 뺄셈식을 만들어요.

활동 문제 처음 수에서 작아진 수만큼 빼어 오른쪽 □ 안에 써넣으세요.

❶

92 → 16만큼 더 작은 수 →

❷

46 → 28만큼 더 작은 수 →

❸

55 → 36만큼 더 작은 수 →

❹

41 → 22만큼 더 작은 수 →

1-1 설명하는 수를 구해 보세요.

(1) 55보다 37만큼 더 작은 수 　　　　(2) 77보다 49만큼 더 작은 수

　　　　(　　　　　　)　　　　　　　　(　　　　　　　　)

△보다 ◇만큼 작은 수이므로 뺄셈을 이용하여 값을 구합니다. ➡ △－◇

1-2 빵 가게에 크림빵이 31개 남아 있고, 단팥빵은 크림빵보다 14개 더 적게 남아 있습니다. 빵 가게에 남아 있는 크림빵과 단팥빵은 모두 몇 개인지 구해 보세요.

(1) 단팥빵은 몇 개 남아 있는지 구하는 식을 만들어 보세요.

31개보다 14개만큼 더 적음 ➡ ☐ － ☐ ＝ ☐

(2) 남아 있는 크림빵과 단팥빵은 모두 몇 개인지 구하는 식을 만들고 답을 구해 보세요.

식 _____

답 _____

1-3 수연이네 집에 동화책은 42권 있고, 위인전은 동화책보다 15권 더 적게 있습니다. 수연이네 집에 있는 동화책과 위인전은 모두 몇 권인지 구해 보세요.

(1) 위인전은 몇 권인지 구하는 식을 만들어 보세요.

42권보다 15권만큼 더 적음 ➡ _____

(2) 동화책과 위인전은 모두 몇 권인지 구하는 식을 만들고 답을 구해 보세요.

식 _____

답 _____

2-1 옛날 어느 마을에 의좋은 형제가 살았습니다.*추수가 끝난 후 식구가 많은 형은 쌀 33가마니를 갖고, 동생은 형보다 9가마니 적게 가졌습니다. 동생이 가진 쌀 가마니 중에서 15가마니를 팔았다면 동생에게 남은 쌀은 몇 가마니인지 구해 보세요.

* 추수: 가을에 익은 곡식을
거두어들임.

(   )

- 구하려는 것: 동생에게 남은 쌀 가마니의 수
- 주어진 조건: 동생이 가진 쌀 가마니의 수는 33보다 9만큼 더 작은 수, 이 중에서 15가마니를 팔았음.
- 해결 전략: ❶ (동생이 처음에 가진 쌀 가마니의 수)=33−9,
  ❷ (동생에게 남은 쌀 가마니의 수)=(❶의 결과)−(판 쌀 가마니의 수)

2-2 피아노의 검은색 건반은 흰색 건반보다 16개 더 적습니다. 흰색 건반이 52개일 때 피아노의 건반은 모두 몇 개인지 구해 보세요. (단, 피아노에는 흰색 건반과 검은색 건반만 있습니다.)

(1) 검은색 건반은 몇 개일까요?

(   )

(2) 피아노의 건반은 모두 몇 개일까요?

(   )

2-3 어느 날 낮 최고 기온은 30도였습니다. 이날 해가 질 때의 기온은 최고 기온보다 4도 낮았고, 다음 날 아침 기온보다 7도 높았습니다. 다음 날 아침 기온은 몇 도인지 구해 보세요.

(   )

1 코딩

화살표 방향으로 차례로 놓여 있는 5칸의 식이 성립하도록 빈칸에 알맞은 수를 써넣으세요.

(1)

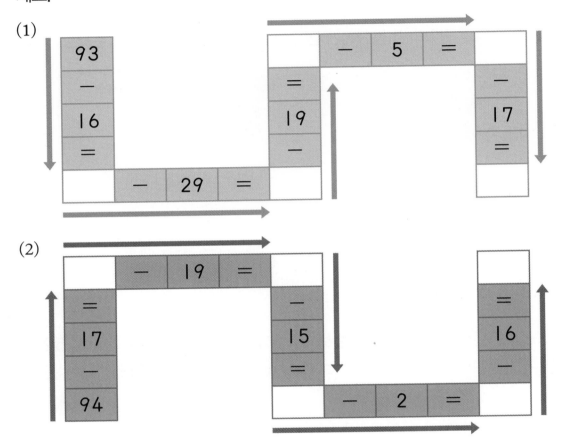

(2)

2 추론

두 자리 수가 쓰여 있는 수 카드가 3장 있습니다. 한 장만 수가 보이도록 놓고 두 장은 뒤집어 놓았을 때 뒤집어 놓은 수 카드의 수는 무엇인지 ☐ 안에 써넣으세요.

(1)

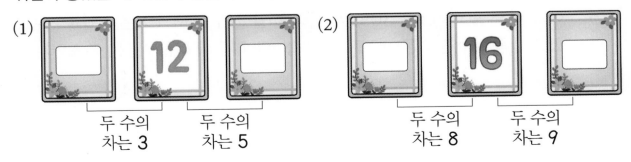

두 수의 차는 3   두 수의 차는 5

(2)

두 수의 차는 8   두 수의 차는 9

3 올해 할머니의 연세는 70세입니다. 다음을 보고 아버지, 지수, 동생의 나이를 구해 보세요.

아버지 (   )
지수 (   )
동생 (   )

4 통곡물 식빵 한 봉지에는 식빵이 75장 들어 있습니다. 우유 식빵 한 봉지에는 통곡물 식빵 한 봉지에 들어 있는 식빵의 수보다 식빵이 16장 더 적게 들어 있습니다. 지안이가 우유 식빵 한 봉지에서 7장을 꺼내 먹었다면 남아 있는 우유 식빵은 몇 장인지 구해 보세요.

(   )

1 칠교판의 조각 7개를 각각 모두 사용하여 숫자를 만들었습니다. 숫자를 어떻게 만들었는지 선을 그어 보세요. 창의·융합

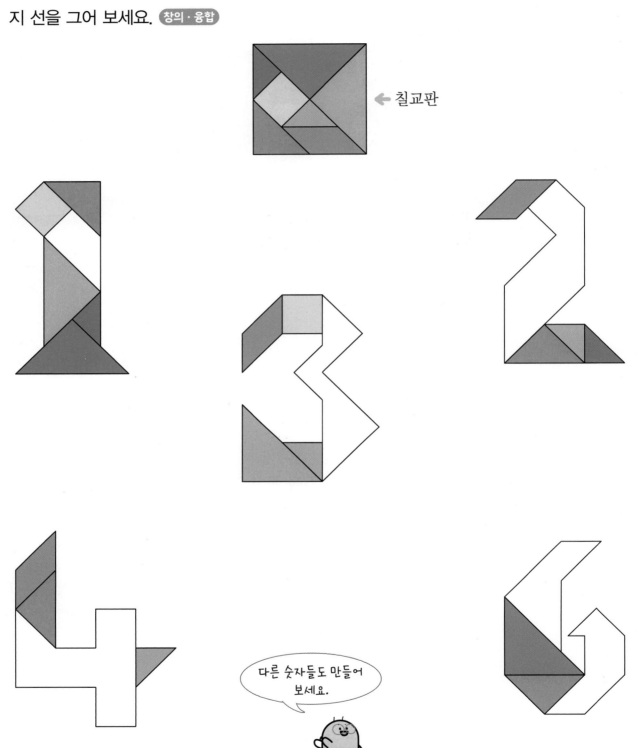

← 칠교판

다른 숫자들도 만들어 보세요.

2 계산 결과를 따라 선을 그어 길을 찾아가 보세요. 문제 해결

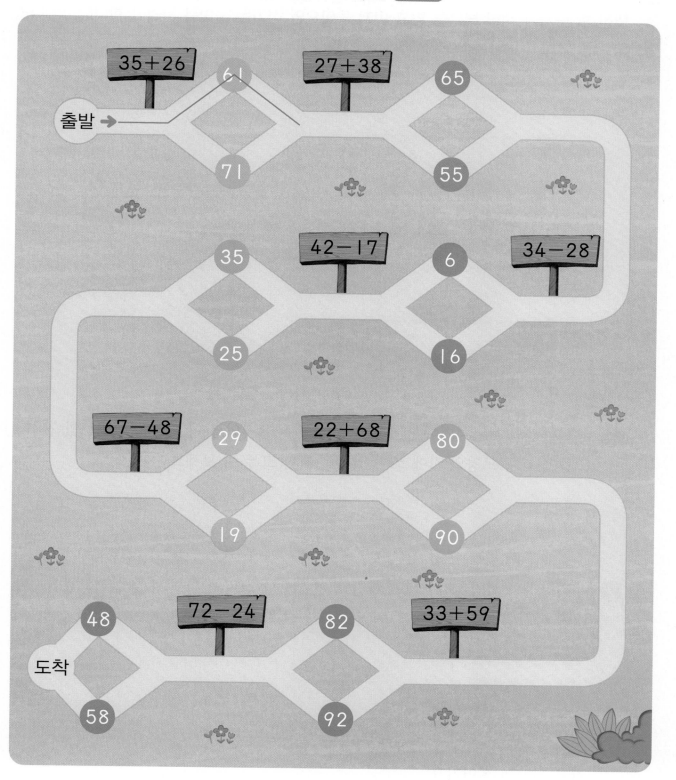

3 땅바닥에 삼각형, 사각형 등을 그려 놓고 숫자를 썼습니다. 그리고 도형 안에 납작한 돌을 던진 후 숫자가 적힌 부분을 밟고 먼저 돌아오면 이기는 놀이를 하려고 합니다. 두 나라의 그림을 보고 모양을 비교해 보세요. 창의·융합

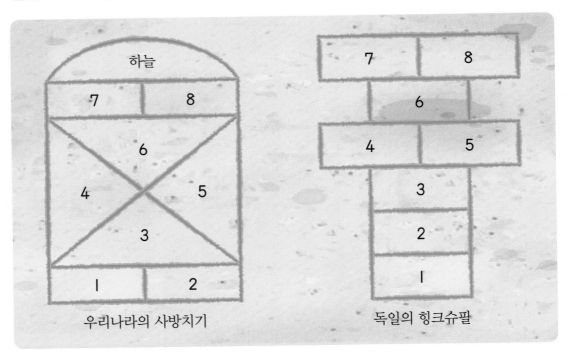

우리나라의 사방치기   독일의 힝크슈필

❶ 우리나라의 사방치기에서 숫자가 쓰여 있는 **8**개의 칸의 모양을 살펴보았습니다. 그중 삼각형 모양의 칸에 쓰여 있는 숫자를 모두 써 보세요.

(   )

❷ 우리나라의 사방치기에서 숫자가 쓰여 있는 **8**개의 칸의 모양을 살펴보았습니다. 그중 사각형 모양의 칸에 쓰여 있는 숫자를 모두 써 보세요.

(   )

❸ 독일의 힝크슈필에서 숫자가 쓰여 있는 **8**개의 칸의 모양을 살펴보았습니다. 각 칸은 어떤 도형인가요?

(   )

4 주어진 수 카드의 수를 한 번씩만 써넣어 문장을 완성해 보세요. 추론

❶   33   49   82

> 수민이네 학교에서 올해 졸업하는 학생은 모두 [ ]명입니다. 이 중에서 남학
>
> 생은 [ ]명이고, 여학생은 [ ]명으로 남학생이 여학생보다 더 많습니다.

❷   25   70   45

> 집에서 도서관까지는 [ ]걸음이고, 도서관에서 병원까지는 [ ]걸음입니
>
> 다. 집에서 도서관을 거쳐 병원에 가려면 [ ]걸음을 걸어야 합니다.
>
> 집에서 도서관까지의 거리보다 도서관에서 병원까지의 거리가 더 멉니다.

5 불이 들어오는 계산 판이 있습니다. 계산이 맞도록 불이 켜져야 하는 칸 하나를 찾아 색칠해 보세요. 추론

❶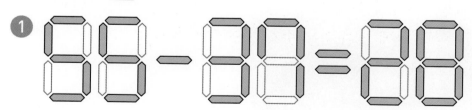

❷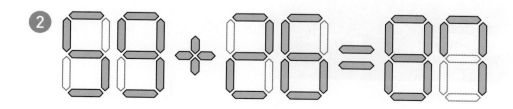

6 수 카드 **4**, **6**, **1** 로 만든 식을 계산하고 결과가 가장 큰 식에 ○표 하세요.

추론

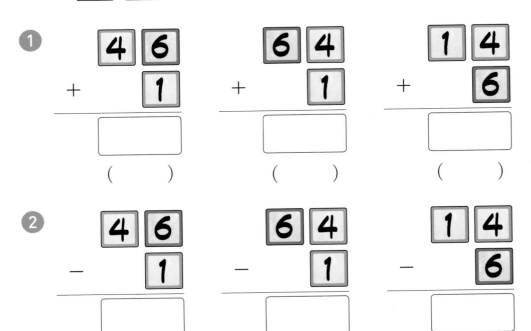

①

4 **6**	**6** **4**	**1** **4**
+ **1**	+ **1**	+ **6**
( )	( )	( )

②

4 **6**	**6** **4**	**1** **4**
− **1**	− **1**	− **6**
( )	( )	( )

7 다음은 우리나라의 섬인 독도입니다. 독도는 동도, 서도와 그 주변에 흩어져 있는 작은 섬 89개로 이루어져 있습니다. 독도의 섬은 모두 몇 개인지 구해 보세요. 창의·융합

▲ 독도

( )

8 체스판에서 킹이 움직이는 것을 화살표로 나타내었습니다. 화살표의 순서를 보고 킹이 움직였을 때 그려지는 도형을 그리고, 어떤 도형인지 이름을 써 보세요. 창의·융합

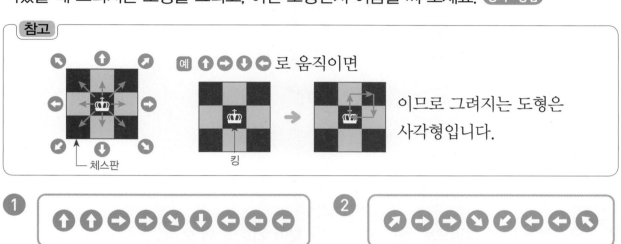

①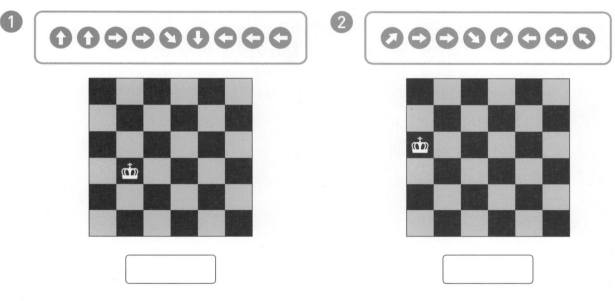

②

③

④

1 원을 몇 개 그린 것인지 세어 보세요.

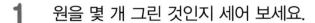

(   )

2 오각형에 대한 설명으로 옳은 것을 모두 찾아 기호를 써 보세요.

> ㉠ 변이 있습니다.
> ㉡ 꼭짓점이 없습니다.
> ㉢ 변의 수와 꼭짓점의 수가 같습니다.
> ㉣ 사각형보다 변의 수가 더 적습니다.

(   )

3 오른쪽과 같은 긴 쌓기나무를 사용하여 만든 모양입니다. 쌓기나무를 몇 개 사용했는지 구해 보세요.

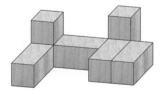

(   )

4 빵 가게에 버터빵이 24개 남아 있고, 소시지빵이 버터빵보다 8개 더 적게 남아 있습니다. 빵 가게에 남아 있는 버터빵과 소시지빵은 모두 몇 개인지 구해 보세요.

(   )

5 규칙에 맞게 수를 써넣으세요.

규칙

- 아래쪽에 놓인 수는 바로 위쪽에 놓인 수보다 14만큼 더 큽니다.
- 오른쪽에 놓인 수는 바로 왼쪽에 놓인 수보다 22만큼 더 작습니다.

49	27	

6 불이 들어오는 계산 판이 있습니다. 계산이 맞도록 불이 켜져야 하는 칸 하나를 찾아 색칠해 보세요.

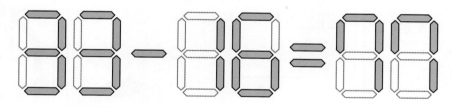

7 그림 속에 숨어 있는 크고 작은 사각형 5개를 찾아 그려 보세요.

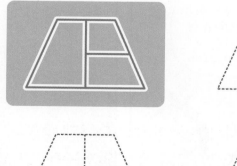
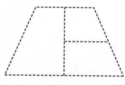
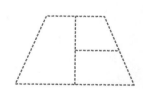

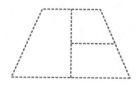

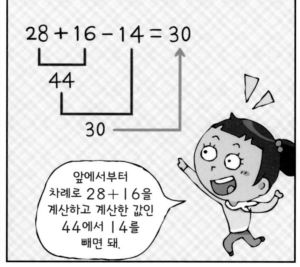

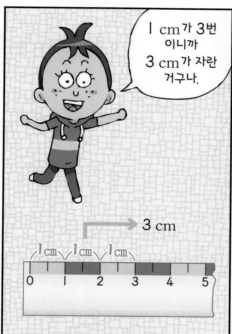

덧셈과 뺄셈의 관계를 이용하여 모르는 수를 구할 수 있어요.

52	
35	17

$52-35=17$

$52-17=35$

$35+17=52$

세 수의 계산은 **왼쪽**에서부터 두 수씩 계산해요.

$38-14+12$

$=24+12$

$=36$

확인 문제

1-1 ☐ 안에 알맞은 수를 써넣으세요.

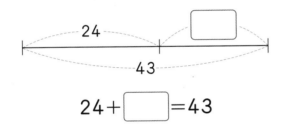

24

43

$24+\boxed{}=43$

한번 더

1-2 ☐ 안에 알맞은 수를 써넣으세요.

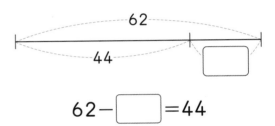

62

44

$62-\boxed{}=44$

2-1 ☐ 안에 알맞은 수를 써넣으세요.

(1) $52+21-34=\boxed{}$

(2) $38+24-14$

2-2 세 수의 계산을 해 보세요.

(1) $64-25+14=\boxed{}$

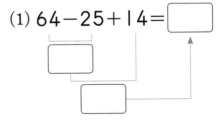

(2) $75-17+29$

교과 내용 확인하기

▶정답 및 해설 18쪽

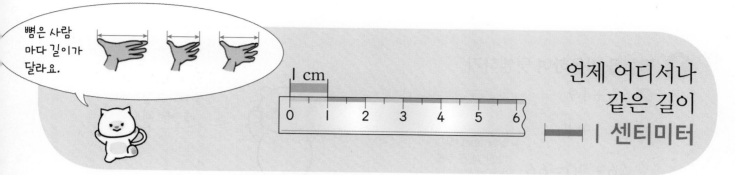

뼘은 사람마다 길이가 달라요.

언제 어디서나
같은 길이
| 센티미터

확인 문제

3-1 나뭇가지의 길이는 지우개로 몇 번인가요?

( )

한번 더

3-2 색연필의 길이는 지우개로 몇 번인가요?

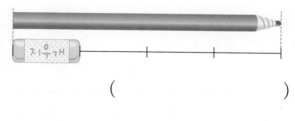

( )

4-1 바늘의 길이는 몇 cm인지 구해 보세요.

(1)
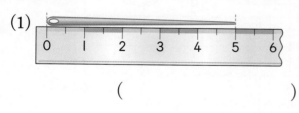

( )

(2)
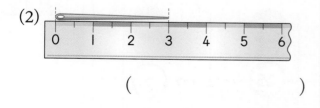

( )

4-2 크레파스의 길이는 몇 cm인지 구해 보세요.

(1)
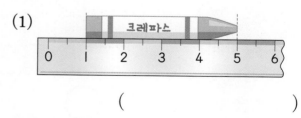

( )

(2)

( )

1 몇십을 이용하여 덧셈하기

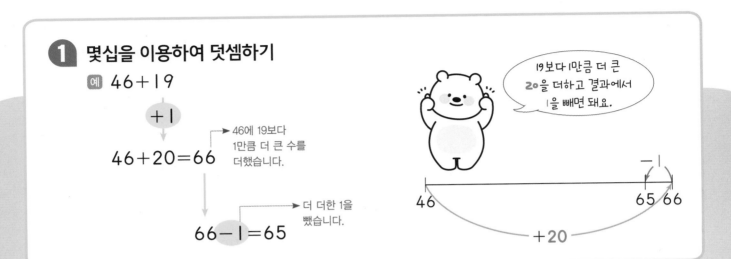

예 $46+19$

$+1$

$46+20=66$ → 46에 19보다 1만큼 더 큰 수를 더했습니다.

$66-1=65$ → 더 더한 1을 뺐습니다.

19보다 1만큼 더 큰 20을 더하고 결과에서 1을 빼면 돼요.

활동 문제 더하는 수와 가장 가까운 몇십을 더하고 더 더한 수를 빼는 방법으로 계산하려고 합니다. 흰 바둑돌에 알맞은 수를 써넣으세요.

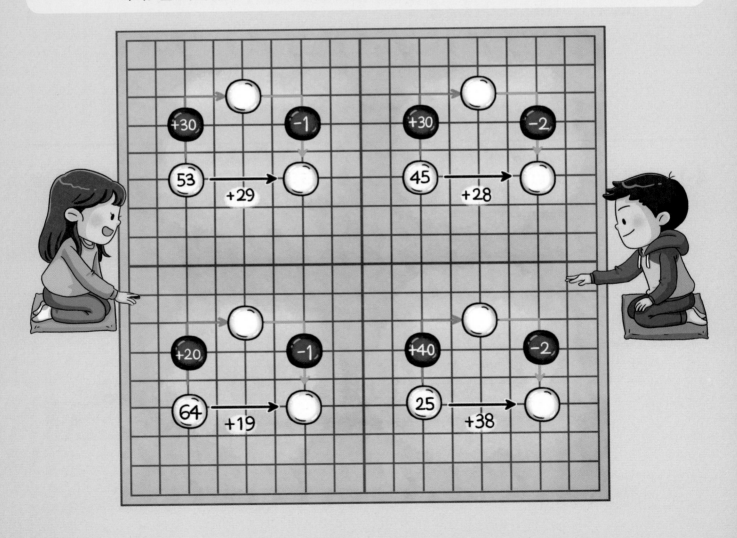

2 몇십을 이용하여 뺄셈하기

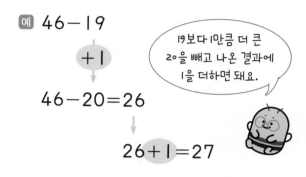

예 46-19

　　　+1

46-20=26

　　　　26+1=27

> 19보다 1만큼 더 큰 20을 빼고 나온 결과에 1을 더하면 돼요.

예 46 - 19

　+1 　　+1

47 - 20=27

46 - 19=27

> 똑같이 1을 더하고 뺄셈을 해도 결과가 같아요.

활동 문제 몇십을 이용하여 뺄셈을 하려고 합니다. 흰 바둑돌에 알맞은 수를 써넣으세요.

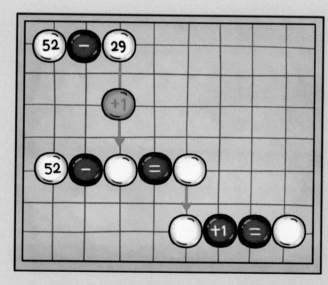

52 ⊖ 29
　　+1
52 ⊖ ○ = ○
　　　○ +1 = ○

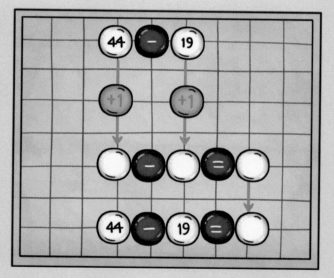

44 ⊖ 19
+1 　　+1
○ ⊖ ○ = ○
44 ⊖ 19 = ○

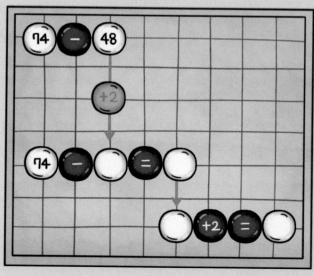

74 ⊖ 48
　　+2
74 ⊖ ○ = ○
　　　○ +2 = ○

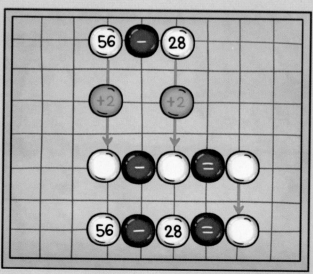

56 ⊖ 28
+2 　　+2
○ ⊖ ○ = ○
56 ⊖ 28 = ○

1-1 19를 20보다 1만큼 더 작은 수로 생각하여 계산해 보세요.

(1) $28+19$ → $28+20=\boxed{}$, $\boxed{}-1=\boxed{}$

(2) $44-19$ → $44-20=\boxed{}$, $\boxed{}+1=\boxed{}$

(1) 19 대신 20을 더했으면 더한 결과에서 1을 뺍니다.
(2) 19 대신 20을 뺐으면 뺀 결과에 1을 더합니다.

1-2 보기 와 같이 잘못 계산한 곳에 ×표 하고 바르게 고쳐 쓰세요.

보기
$$55+19 → 55+20=75, 75\cancel{\times}1=\cancel{76}\ 74$$
$$55+19=\cancel{76}\ 74$$

(1)
$$55+28$$
$$→ 55+30=85, 85+2=87$$
$$55+28=87$$

(2)
$$63-29$$
$$→ 63-30=33, 33-1=32$$
$$63-29=32$$

1-3 49와 가장 가까운 몇십을 71에서 빼고, 더 뺀 수만큼 더하는 방법으로 계산해 보세요.

$$71-49$$ → _____, _____

2-1 다음을 읽고 미호가 수석이에게 주어야 하는 구슬은 몇 개인지 알아보고, 미호가 가진 구슬 수는 몇 개가 되는지 구해 보세요.

미호가 수석이에게 주어야 하는 구슬 수는 ☐개이므로,

미호가 가진 구슬 수는 ☐개가 됩니다.

- 구하려는 것: 미호가 수석이에게 주어야 하는 구슬 수, 미호가 가진 구슬 수
- 주어진 조건: 미호가 가진 구슬 수 65개, 수석이가 주기로 한 구슬 수 19개, 미호가 받은 구슬 수 20개
- 해결 전략: 구슬 10개짜리 두 통은 20개이므로 19보다 몇 개 더 많은지 구하기,
  65+20에서 더 받은 구슬 수 빼기

2-2 다음을 읽고 수석이가 미호에게 구슬 30개를 주었을 때 미호가 수석이에게 주어야 하는 구슬은 몇 개인지 알아보고, 미호가 가진 구슬 수는 몇 개가 되는지 구해 보세요.

미호가 수석이에게 주어야 하는 구슬 수 (   )

미호가 가진 구슬 수 (   )

1 순서에 맞게 계산하여 결과를 빈 곳에 써넣으세요.

코딩

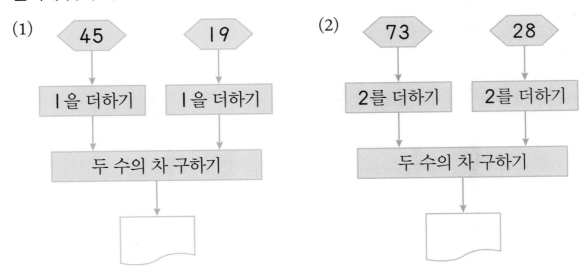

(1)

45 ▽ ☐ 19 ▽

│을 더하기   │을 더하기

두 수의 차 구하기

(2)

73 ▽ ☐ 28 ▽

2를 더하기   2를 더하기

두 수의 차 구하기

2 보기 와 같이 덧셈, 뺄셈을 하고 계산 결과를 오른쪽에 써넣어 가로세로 퍼즐을 완성해

추론
보세요.

보기

$21-9=12$

$30-10=20$

	1	
2	0	

2가 공통이므로 │2는 세로로,
20은 가로로 써넣습니다.

$89-6=\boxed{}$

$17+19=\boxed{}$

$32+29=\boxed{}$

$8+9=\boxed{}$

$91-19=\boxed{}$

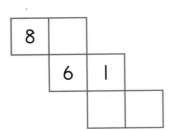

3 문제 해결

책꽂이에 책이 세 권 꽂혀 있습니다. 다음 대화를 보고 책의 빈 곳에 알맞은 번호를 써넣으세요.

번호가 35+29의 결과와 같은 책이 맨 왼쪽에 있습니다.

번호 중에서 가장 작은 수는 6이에요.

번호가 52-39의 결과와 같은 책이 맨 오른쪽에 있습니다.

4 창의·융합

벽에 맞은 공은 오른쪽과 같이 움직입니다. 빨간색 공을 다음과 같이 움직였을 때 빨간색 공의 수에서 처음 맞히는 공의 수를 뺀 값을 구해 보세요.

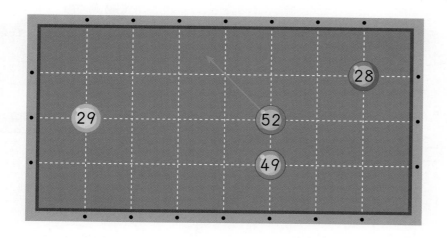

벽에 부딪히기 전과 부딪힌 다음 튕겨 나올 때 벽과 벌어진 정도가 같아요.

(   )

① 덧셈과 뺄셈의 관계를 이용하여 가려진 수 구하기

예 17+♥=32

♥에 알맞은 수를 구하려면
32에서 17을 빼면 됩니다.

17+♥=32
➡ 32−17=♥,
♥=15

예 ◆−13=41

◆에 알맞은 수를 구하려면
41과 13을 더하면 됩니다.

◆−13=41
➡ 41+13=◆,
◆=54

활동 문제 주어진 식을 보고 ☐ 안에 알맞은 수를 써넣으세요.

22 + 🐾 = 61
➡ 🐾 = ☐

🐾 − 29 = 55
➡ 🐾 = ☐

🐾 + 13 = 51
➡ 🐾 = ☐

92 − 🐾 = 44
➡ 🐾 = ☐

46 + 🐾 = 82
➡ 🐾 = ☐

🐾 − 26 = 46
🐾 = ☐

2 식에서 가려진 숫자 구하기

• 덧셈식에서 가려진 숫자 구하기

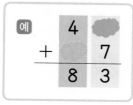 

일의 자리의 계산

받아올림 있음

$+ \dfrac{7}{3}$ ☁=6

십의 자리의 계산

$1+4+$☁$=8$,

☁$=3$

• 뺄셈식에서 가려진 숫자 구하기

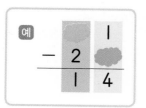

일의 자리의 계산

받아내림 있음

☁$=7$

십의 자리의 계산

☁$-1-2=1$,

☁$=4$

활동 문제 고양이 발바닥에 알맞은 숫자를 써넣으세요.

1-1 같은 모양의 그림은 같은 숫자를 나타냅니다. 그림에 알맞은 숫자를 구해 보세요.

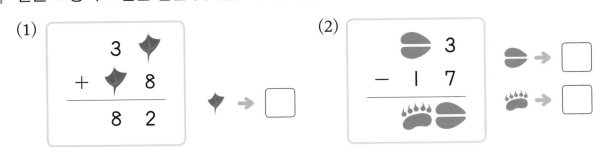

(1) 일의 자리의 계산에서 ◆에 8을 더한 수는 2가 될 수 없으므로 ◆+8=12입니다.

(2) 일의 자리의 계산: 3에서 7을 뺄 수 없으므로 십의 자리에서 받아내림이 있습니다.

➡ 13-7=◗

1-2 같은 모양의 그림은 같은 숫자를 나타냅니다. 그림에 알맞은 숫자를 구해 보세요.

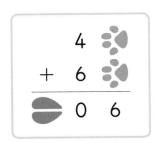

(1) ◗에 알맞은 숫자를 구해 보세요. (　　　　　　　　)

(2) 일의 자리에서 십의 자리로 받아올림이 있는지 알아보세요.

받아올림이 (있습니다 , 없습니다).

(3) 🐾에 알맞은 숫자를 구해 보세요.

🐾 (　　　　　　　　)

1-3 같은 모양의 그림은 같은 숫자를 나타냅니다. 그림에 알맞은 숫자를 구해 보세요.

(1) 일의 자리의 계산을 보고 십의 자리에서 일의 자리로 받아내림이 있는지 알아보세요.

받아내림이 (있습니다 , 없습니다).

(2) 그림에 알맞은 숫자를 구해 보세요.

🐾 (　　　　　　　　), ◆ (　　　　　　　　)

2-1 다음 규칙 을 보고 각 모양이 나타내는 숫자를 구해 보세요.

규칙

• 같은 모양은 같은 수를 나타냅니다.
• 모양이 다르면 나타내는 수도 다릅니다.

 ( )

 ( )

( )

3주 2일

• 구하려는 것: 각 모양이 나타내는 숫자
• 해결 전략: 일의 자리의 계산 ➡ $4+4=$ ⬤ , 십의 자리의 계산 ➡ 🍉 + 🍉 = 🥕 2

2-2 같은 모양은 같은 수를 나타낼 때 ⬤ 모양에 알맞은 숫자를 구해 보세요.

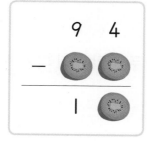

( )

2-3 지호가 덧셈식을 계산한 종이가 날아갔습니다. 종이를 강아지가 밟고 지나갔을 때 발자국에 알맞은 숫자를 써넣으세요.

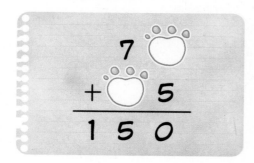

모양이 같아도 숫자가 다를 수 있어요.

1 같은 모양은 같은 수를 나타내고, 다른 모양은 다른 수를 나타냅니다. 식을 보고 모양에 알맞은 수를 각각 구해 보세요.

문제 해결

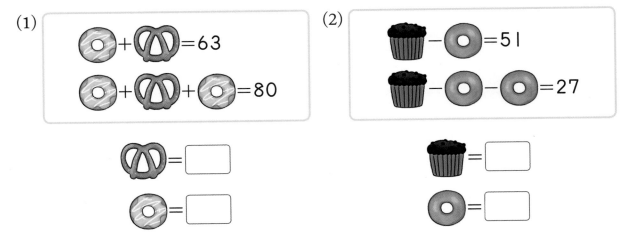

2 뒷면에 적혀 있는 수의 합이 **75**인 세 가지 모양의 수 카드 ▩, ⬤, ⬠ 가 있습니다. 같은 모양에 적혀 있는 수는 같고, 카드에 적혀 있는 두 수의 합이 다음과 같을 때 ▩ 에 적혀 있는 수를 구해 보세요.

문제 해결

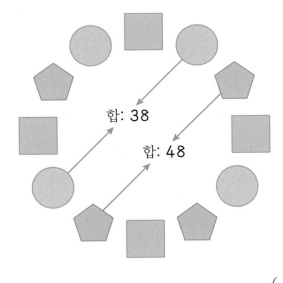

(　　　　　　　)

3
추론

같은 모양은 같은 수를 나타냅니다. 다음 식을 보고 각 모양이 나타내는 수를 구해 보세요.

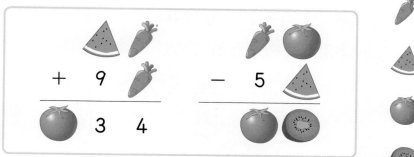

 (   )

 (   )

🍅 (   )

🥝 (   )

4
추론

주어진 수 카드를 모두 한 번씩 사용하여 식을 완성하세요.

5
창의·융합

지용이가 계산기에 있는 숫자와 기호를 한 번씩 눌러서 나온 결과입니다. 지용이가 누른 곳에는 자국이 남아 있습니다. 어떤 순서로 눌렀는지 빈칸에 알맞게 써넣으세요.

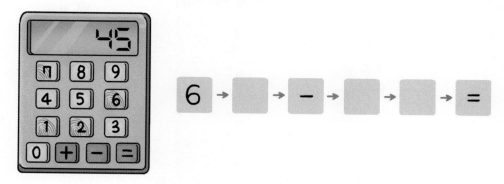

1 앞으로 가면 더하기

주차장에서 차는 앞 또는 뒤로만 이동할 수 있습니다.

앞으로 이동하면 차 번호를 앞으로 이동한 칸 수만큼 더합니다. (뒤 🚗 앞)

39번 차가 앞으로 두 칸 이동 ➡ 39를 두 번 더하기 ➡ 39+39=78

활동 문제 차를 가장 적게 이동하여 분홍색 차를 출구로 빼내려고 합니다. 차 번호를 앞으로 이동한 칸 수만큼 모두 더해 보세요.

❶
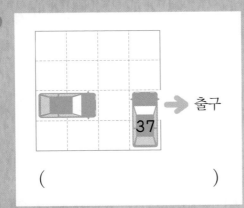
(   )

❷
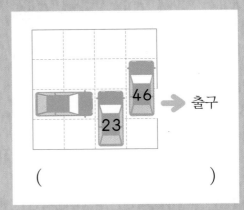
(   )

❸
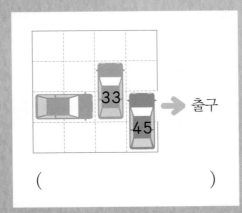
(   )

❹
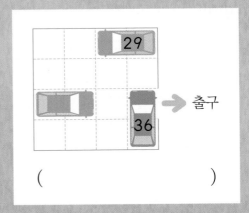
(   )

2 뒤로 가면 빼기

앞으로 움직여야 하는 차를 먼저 이동합니다.

차 번호를 이동한 칸 수만큼 앞으로 이동하면 더하고, 뒤로 이동하면 뺍니다.

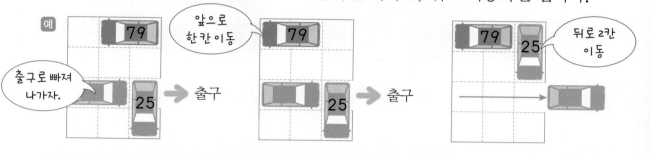

79번 차가 앞으로 1칸 이동, 25번 차가 뒤로 2칸 이동 ➡ 79−25−25=29

활동 문제 차를 가장 적게 이동하여 분홍색 차를 출구로 빼내려고 합니다. 차 번호를 앞으로 이동한 칸 수만큼 모두 더하고, 뒤로 이동한 칸 수만큼 모두 빼 보세요. (단, 앞으로 움직여야 하는 차를 먼저 이동합니다.)

❶
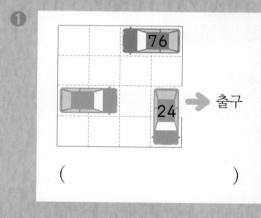

(   )

❷
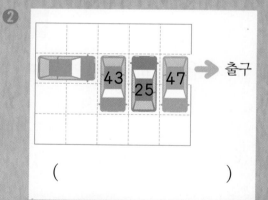

(   )

❸
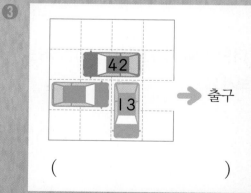

(   )

❹
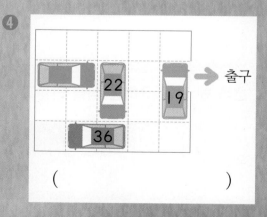

(   )

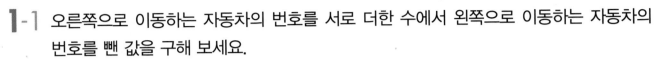

1-1 오른쪽으로 이동하는 자동차의 번호를 서로 더한 수에서 왼쪽으로 이동하는 자동차의 번호를 뺀 값을 구해 보세요.

(1)

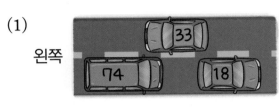

왼쪽

(   )

(2)

오른쪽

(   )

위에 있는 자동차는 왼쪽으로, 아래에 있는 자동차는 오른쪽으로 이동하고 있습니다.
➡ 아래쪽에 있는 두 차의 번호의 합에서 위쪽에 있는 차의 번호를 뺍니다.

1-2 오른쪽으로 이동하는 자동차의 번호에서 왼쪽으로 이동하는 두 자동차의 번호를 뺀 값을 구해 보세요.

왼쪽   오른쪽

(1) 계산에 필요한 식을 만들 때 □ 안에 알맞은 수를 써넣으세요.

(2) 답을 구해 보세요.

(   )

1-3 오른쪽으로 이동하는 자동차의 번호를 서로 더한 수에서 왼쪽으로 이동하는 자동차의 번호를 뺀 값을 구하는 식을 만들고 답을 구해 보세요.

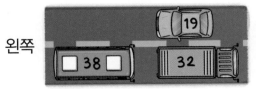

왼쪽   오른쪽

□○□○□

(   )

2-1 기차가 앞으로 22정거장을 간 다음 기관사가 바뀌었습니다. 다시 앞으로 14정거장을 간 다음 뒤로 19정거장 갔다면 기차는 처음 출발 지점에서 앞으로 몇 정거장 간 곳에 있는지 구해 보세요.

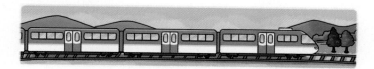

(   )

- 구하려는 것: 기차가 있는 곳이 출발 지점에서 앞으로 몇 정거장 간 곳인지 구하기
- 주어진 조건: 앞으로 22정거장 간 다음 14정거장을 더 가고, 뒤로 19정거장 감.
- 해결 전략: ❶ 앞으로 간 정거장의 수만큼 더하기: 22+14
              ❷ 뒤로 간 정거장의 수만큼 빼기: 22+14-19

2-2 기차가 앞으로 34정거장을 간 다음 기관사가 바뀌었습니다. 다시 앞으로 26정거장을 간 다음 뒤로 17정거장 갔다면 기차는 처음 출발 지점에서 앞으로 몇 정거장 간 곳에 있는지 ☐ 안에 알맞은 수를 써넣고 답을 구해 보세요.

앞으로 ☐ 정거장 ➡ 앞으로 ☐ 정거장 ➡ 뒤로 ☐ 정거장

(   )

2-3 선우는 계단에 서 있습니다. 위로 61계단 올라갔다가 잠시 쉬었습니다. 위로 24계단 더 올라간 다음 아래로 56계단 내려왔을 때 선우는 처음 출발 지점에서 몇 계단 위에 있는지 구해 보세요.

(   )

1 코딩

오른쪽과 같이 노란색 하트를 이동시키려고 합니다. 이동이 끝났을 때 하트 모양이 있는 위치는 어디인지 화살표로 표시해 보세요.

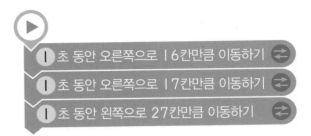

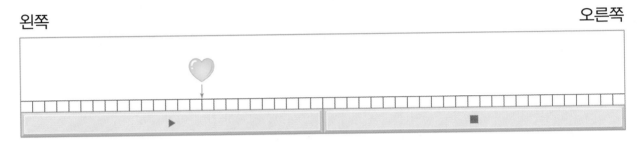

2 창의·융합

차를 가장 적게 이동하여 분홍색 차를 출구로 빼내려고 합니다. 차 번호를 앞으로 이동한 칸 수만큼 모두 더하고, 뒤로 이동한 칸 수만큼 모두 빼세요. (단, 앞으로 이동하는 차를 먼저 움직입니다.)

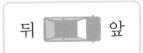

(1)
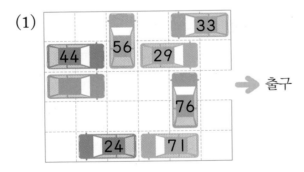

(   )

(2)

(   )

▶정답 및 해설 22쪽

3 추론

수 9개가 쓰여 있는 흰 종이와 구멍이 뚫려 있는 색종이를 보고 물음에 답하세요.

56	24	39
41	29	13
32	28	19

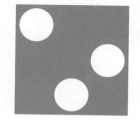

(1) 빨간 색종이를 돌리거나 뒤집지 않고 그대로 옮겨 흰 종이에 딱 맞게 올렸을 때 보이는 수의 합을 구해 보세요.

(　　　　　　　)

(2) 파란 색종이를 돌리거나 뒤집지 않고 그대로 옮겨 흰 종이에 딱 맞게 올렸을 때 보이는 수 중 가장 큰 수에서 나머지 두 수를 뺀 값을 구해 보세요.

(　　　　　　　)

4 문제 해결

생선을 세 마리씩 한 꼬치에 꽂아 숯불에 구우려고 합니다. 남는 생선이 없도록 꼬치를 겹치지 않게 그리고, 손잡이에 계산 결과를 알맞게 써넣으세요.

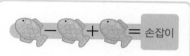

꼬치에는 ㅡ, +, =이 차례로 쓰여 있습니다.

53ㅡ14+15의 계산 결과 54를 써넣었어요. 손잡이에서 가장 멀리 있는 수에서 가운데 수를 빼고 가장 가까운 수를 더해요.

(1)

석쇠: →
고기나 생선을 굽는 기구

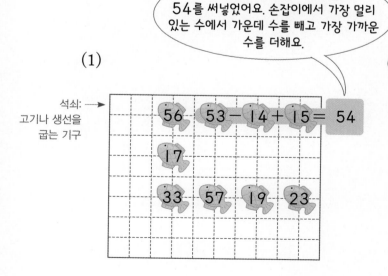

(2)

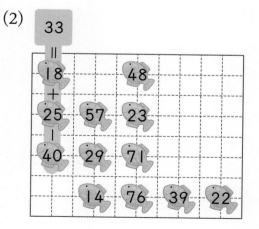

1 가장 가까운 길은 몇 뼘인지 알아보기

지도에서 한 칸의 길이는 한 뼘입니다.

집에서 학교까지 가장 가까운 길로 가는 방법은 **3**가지이고 길이는 **3**뼘입니다.

활동 문제 한 칸의 길이가 한 뼘일 때 지도를 보고 집에서 학교까지 가는 가장 가까운 길은 몇 뼘인지 구해 보세요.

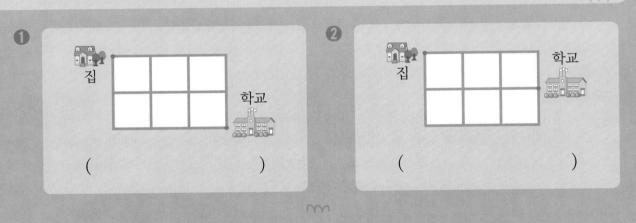

❶
( )

❷
( )

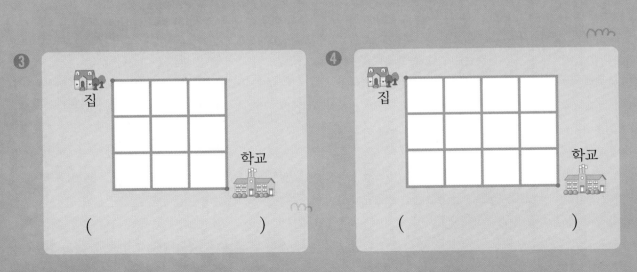

❸
( )

❹
( )

▶정답 및 해설 22쪽

2 통행금지 표시가 있을 때 가장 가까운 길은 몇 뼘인지 알아보기

지도에서 한 칸의 길이는 한 뼘이고, ⊖ 표시가 있는 곳은 지나갈 수 없습니다.

 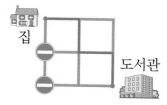 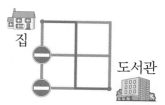

➡ 집에서 도서관까지 가장 가까운 길로 가는 방법은 **3**가지이고, 길이는 **4**뼘입니다.

3주
4일

활동 문제 한 칸의 길이가 한 뼘일 때 지도를 보고 집에서 도서관까지 가는 가장 가까운 길은 몇 가지이고, 길이는 몇 뼘인지 구해 보세요. (단, ⊖ 표시가 있는 곳은 지나갈 수 없습니다.)

1

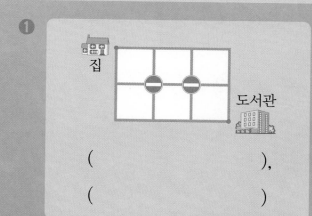

( ),

( )

2

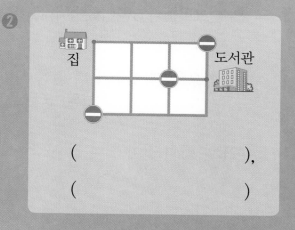

( ),

( )

3

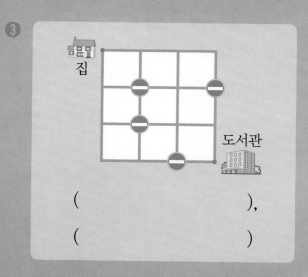

( ),

( )

4

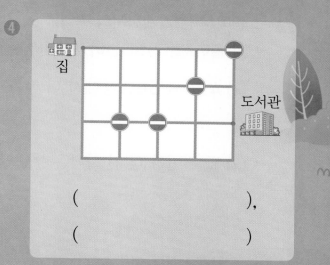

( ),

( )

4일 서술형 길잡이

1-1 똑같은 바지의 길이를 재어서 나타낸 수입니다. 한 뼘의 길이는 누가 가장 긴지 쓰세요.

(1)
> 엄마의 손으로 4뼘,
> 동생의 손으로 6뼘,
> 아빠의 손으로 3뼘

(   )

(2)
> 형의 손으로 7뼘,
> 이모의 손으로 5뼘,
> 누나의 손으로 6뼘

(   )

> 한 뼘의 길이가 길수록 재어서 나타낸 수가 작습니다.
> 한 뼘의 길이가 짧을수록 여러 번 재야 합니다. 따라서 재어서 나타낸 수가 큽니다.

1-2 지선이와 민정이가 책상의 긴 쪽의 길이를 재었습니다. 지선이의 손으로는 15뼘, 민정이의 손으로는 16뼘이었습니다. 지선이와 민정이 중에서 한 뼘의 길이는 누가 더 긴지 구해 보세요.

(1) 뼘으로 잰 횟수가 더 적은 사람은 누구일까요?

(   )

(2) 한 뼘의 길이가 더 긴 사람은 누구인가요?

(   )

1-3 집에서 빵 가게까지의 길이를 발 길이로 재었습니다. 라미의 발 길이로는 420번, 수호의 발 길이로는 560번이었습니다. 누구의 발 길이가 더 긴지 구해 보세요.

(1) 420과 560 중에서 더 작은 수는 무엇인가요?

(   )

(2) 발 길이가 더 긴 사람은 누구인가요?

(   )

2-1 다음을 보고 가장 긴 막대를 가지고 있는 사람은 누구인지 구해 보세요.

내 막대의 길이는 뼘으로 8번 잰 길이와 같아.

수아

시우
내 막대의 길이는 엄지손톱으로 8번 잰 길이와 같아.

예준

내 막대의 길이는 8큐빗이야.

큐빗: 팔꿈치에서 손끝까지의 길이   큐빗

(   )

- 구하려는 것: 가장 긴 막대를 가지고 있는 사람
- 주어진 조건: 수아의 막대는 8뼘, 시우의 막대는 엄지손톱으로 8번, 예준이의 막대는 8큐빗
- 해결 전략: 뼘, 엄지손톱, 큐빗의 길이를 비교하여 가장 긴 것을 알아봅니다.

2-2 다음을 보고 가장 긴 실뜨기용 실을 가지고 있는 사람은 누구인지 구해 보세요.

준희: 내 실은 뼘으로 50번 잰 길이와 같아.
미영: 내 실은 클립으로 50번 잰 길이와 같아.
해미: 내 실은 공깃돌로 50번 잰 길이와 같아.

(   )

2-3 다음을 보고 더 긴 줄넘기용 줄을 가지고 있는 사람은 누구인지 구해 보세요.

미애: 내 줄은 발 길이로 10번 잰 길이와 같아.
동욱: 내 줄은 가위로 10번 잰 길이와 같아.
       가위의 길이는 미애의 발 길이보다 짧아.

(   )

1 한 칸의 길이가 한 뼘일 때 지도를 보고 집에서 학교까지 가는 가장 가까운 길은 몇 가지 이고, 길이는 몇 뼘인지 구해 보세요. (단, ⊖ 표시가 있는 곳은 지나갈 수 없습니다.)

문제 해결

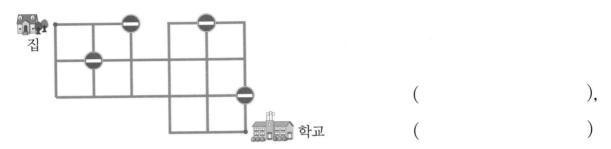

(   ),

(   )

2 다음과 같은 규칙 으로 사다리 타기를 하고 있습니다. 도착할 때까지 가장 많이 움직여야 하는 동물이 꽝에 당첨됩니다. 꽝에 당첨된 동물에 ○표 하고, 몇 뼘 이동했는지 구해 보세요.

코딩

규칙

• 검은색 선을 타고 내려갑니다.
• 아래로 내려가다 옆으로 가는 길이 나오면 반드시 옆으로 이동합니다.
• 아래와 옆으로만 이동할 수 있습니다.

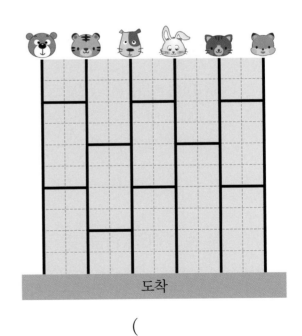

(   )

▶정답 및 해설 23쪽

3 추론

다음을 보고 가장 긴 마술 지팡이를 가지고 있는 사람은 누구인지 구해 보세요.

내 마술 지팡이의 길이는 발 길이로 3번 잰 길이와 같아.

지안

내 마술 지팡이의 길이는 3뼘이야. 나의 한 뼘의 길이는 지안이의 발 길이보다 짧아.

예준

내 마술 지팡이의 길이는 엄지 손가락으로 3번 잰 길이와 같아.

수아

(   )

4 문제 해결

다음과 같이 연필 6자루와 가위 4개, 빨대 5개의 길이가 같습니다. 막대 가, 나, 다를 각각 연필, 가위, 빨대를 단위길이로 하여 재고 막대의 길이를 비교하려고 합니다. 물음에 답하세요.

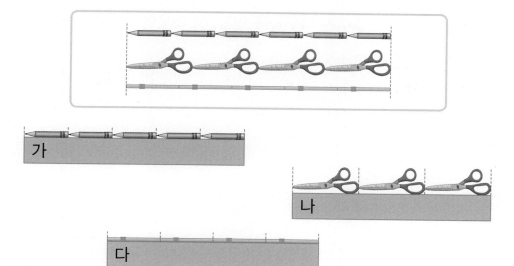

(1) 연필 1자루, 가위 1개, 빨대 1개의 길이를 비교하여 ☐ 안에 알맞게 써넣으세요.

☐ > ☐ > ☐

(2) 막대의 길이를 비교하여 긴 것부터 차례로 쓰세요.

(   )

1 길이에 맞게 선 잇기

> 예 4 cm 떨어져 있는 집 찾아 선 잇기

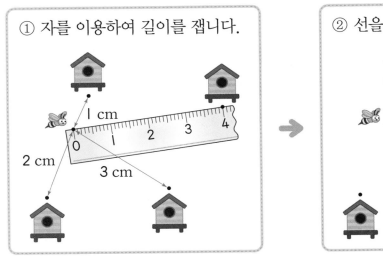

① 자를 이용하여 길이를 잽니다.

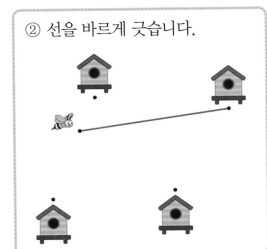

② 선을 바르게 긋습니다.

활동 문제 나비와 3 cm 떨어진 꽃을 잇고, 이 꽃과 5 cm 떨어진 벌을 이어 보세요.
이 벌과 7 cm 떨어진 나뭇잎을 잇고, 이 나뭇잎과 6 cm 떨어진 벌을 이어 보세요.

▶ 정답 및 해설 24쪽

2 길이에 맞게 점을 이어 길 찾기

예 벌이 2 cm 떨어진 점으로만 날아갑니다.

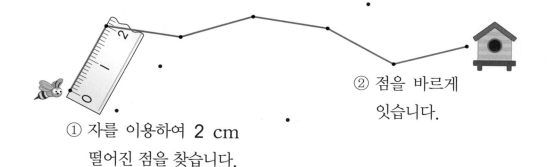

① 자를 이용하여 2 cm
   떨어진 점을 찾습니다.

② 점을 바르게
   잇습니다.

활동 문제 벌이 이동한 점을 따라 집까지 선을 이어 보세요.

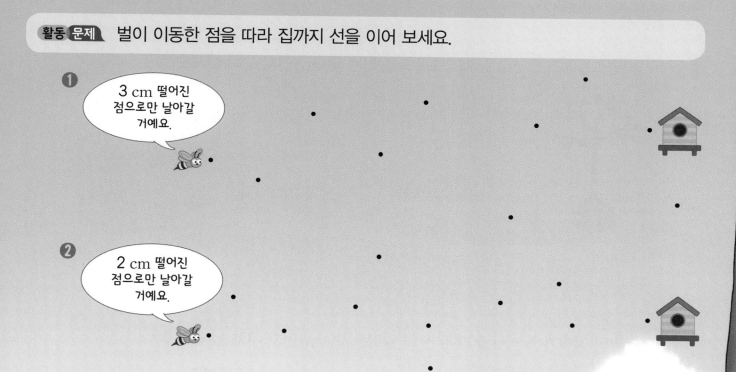

❶ 3 cm 떨어진
   점으로만 날아갈
   거예요.

❷ 2 cm 떨어진
   점으로만 날아갈
   거예요.

❸ 4 cm 떨어진
   점으로만 날아갈
   거예요.

1-1 클립의 길이가 2 cm일 때 채소의 길이는 몇 cm인지 구해 보세요.

(1)

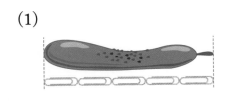

(2)

(   )   (   )

클립을 몇 번 놓았는지 알아봅니다.
클립을 한 번 놓으면 2 cm, 두 번 놓으면 4 cm, 세 번 놓으면 6 cm……입니다.

1-2 연필의 길이가 5 cm일 때 *묘목의 길이는 몇 cm인지 구해 보세요.

*묘목: 옮겨 심는 ─
어린나무

(1) 묘목의 길이는 연필로 몇 번 재었나요?

(   )

(2) 묘목의 길이는 몇 cm인가요?

(   )

1-3 연필의 길이가 5 cm일 때 우산의 길이는 몇 cm인지 구해 보세요.

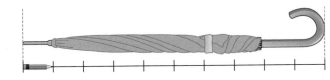

(1) 우산의 길이는 연필로 몇 번 재었나요?   (   )

(2) 우산의 길이는 몇 cm인가요?   (   )

2-1 막대의 길이가 7 cm입니다. 벌이 집까지 가는 길의 길이는 막대로 10번 잰 길이와 같습니다. 벌이 집까지 가려면 몇 cm를 날아가야 하는지 구해 보세요.

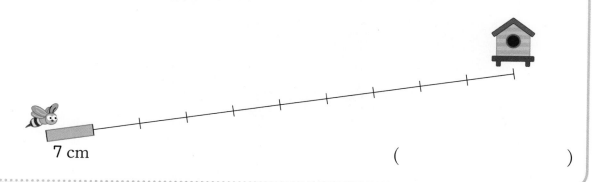

7 cm

(   )

- 구하려는 것: 벌이 날아가야 하는 거리
- 주어진 조건: 막대의 길이 7 cm, 집까지의 길이는 막대로 10번
- 해결 전략: 막대 10개의 길이를 구하여 날아간 길이를 구합니다.

2-2 벌이 집까지 가는 길의 길이는 막대로 6번 잰 길이와 같습니다. 막대의 길이가 10 cm일 때 벌이 집까지 가려면 몇 cm를 날아가야 하는지 구해 보세요.

(1) 막대로 한 번 잰 길이는 몇 cm일까요?

(   )

(2) 막대로 6번 잰 길이는 몇 cm일까요?

(   )

2-3 나비가 다음과 같이 움직이면서 꽃이 있는 곳으로 갔습니다. 나비는 몇 cm를 날아갔는지 구해 보세요. (단, 막대 1개의 길이는 8 cm입니다.)

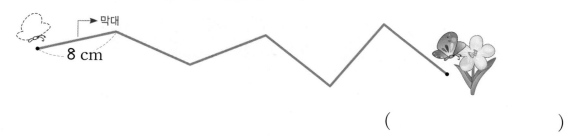

막대

8 cm

(   )

1 선 긋기 순서를 보고 알맞게 선을 그어 보세요.

코딩

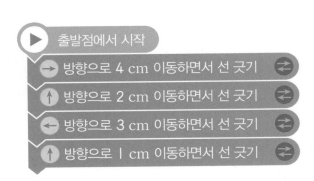

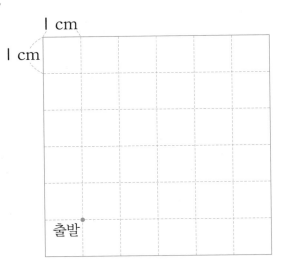

2 다음은 막대 3개를 연결한 것입니다. 연결된 부분에서 막대를 접거나 돌릴 수 있습니다. 막대의 길이를 이용하여 잴 수 있는 길이를 구해 보세요.

창의 · 융합

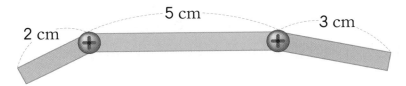

(1) 막대를 접거나 돌리지 않고 폈을 때 잴 수 있는 길이는 최대 몇 cm일까요?

(   )

(2) 연결된 부분 중 한 쪽을 접었습니다. □ 안에 알맞은 수를 써넣으세요.

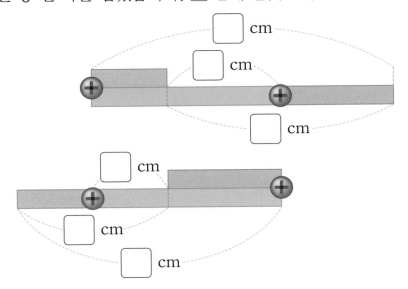

▶정답 및 해설 24쪽

3 추론

길이가 2 cm, 3 cm인 막대가 있습니다. 이 막대들을 여러 번 사용하여 서로 다른 방법으로 8 cm를 색칠해 보세요.

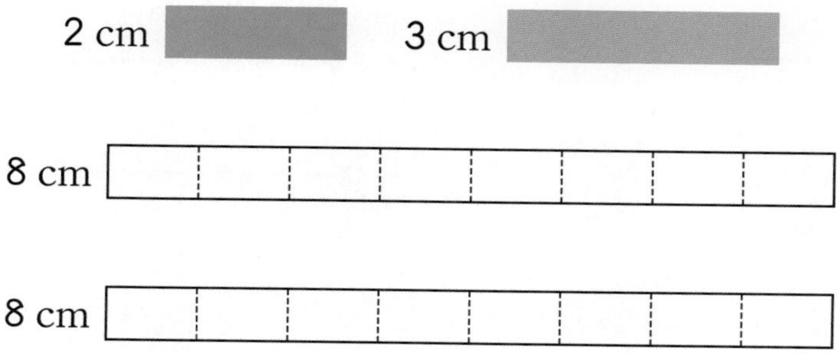

4 문제 해결

여러 가지 물건으로 색 테이프와 같은 길이를 만들었습니다. 클립의 길이가 오른쪽과 같을 때 물병의 길이는 몇 cm인지 구해 보세요.

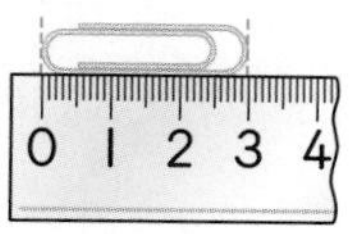

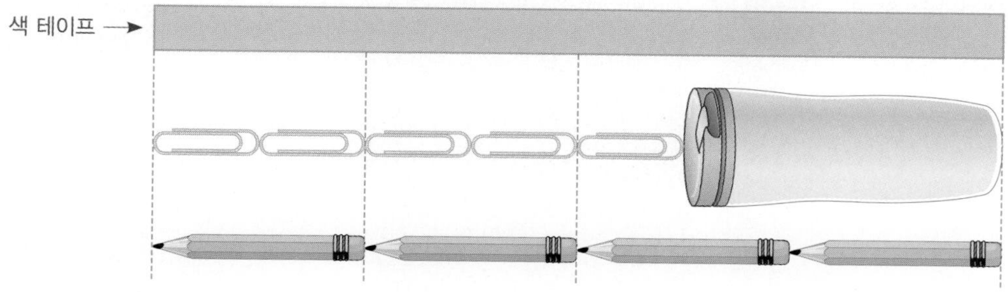

(1) 클립의 길이는 몇 cm일까요?

( )

(2) 연필의 길이는 몇 cm일까요?

( )

(3) 물병의 길이는 몇 cm일까요?

( )

1 빨간색 선과 파란색 선의 길이를 재어 보고 ○ 안에 >, =, <를 알맞게 써넣으세요.

창의·융합

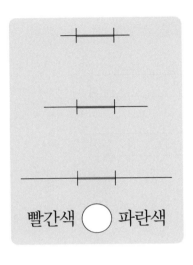

빨간색 ○ 파란색

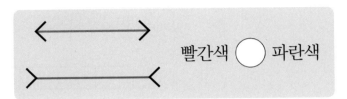

빨간색 ○ 파란색

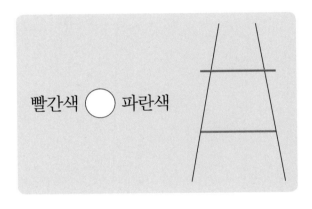

빨간색 ○ 파란색

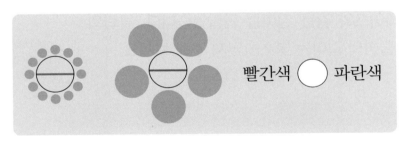

빨간색 ○ 파란색

길이가 달라 보이더라도 자로 재어 확인해 보세요.

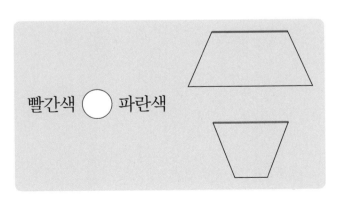

빨간색 ○ 파란색

빨간색 ○ 파란색

2 공원에서 동생을 잃어버렸습니다. 동생의 특징을 보고 그림에서 동생을 찾아 ○표 하세요. 추론 문제 해결

> **동생의 특징**
> • 동생은 모자를 쓰고 있습니다.
> • 동생의 모자와 옷에 쓰여 있는 수의 차는 **26**입니다.
> • 동생은 선글라스를 쓰고 있지 않습니다.

3 동네에 있는 가게의 위치를 나타낸 지도입니다. 지도에서 한 칸의 길이는 **2 cm**일 때 지도를 보고 물음에 답하세요. 창의·융합

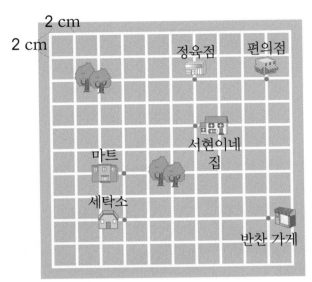

① 지도에서 보았을 때 서현이네 집에서 북쪽으로 **4 cm** 떨어진 곳에 있는 가게는 무엇일까요?

(   )

② 지도에서 보았을 때 서현이네 집에서 남쪽으로 **8 cm**, 서쪽으로 **6 cm** 떨어진 곳에 있는 가게는 무엇일까요?

(   )

③ 반찬 가게에서 반찬을 산 다음, 아이스크림을 사서 서현이네 집에 가려고 합니다. 마트와 편의점 중에서 어느 곳에서 아이스크림을 사는 것이 더 가까운지 구해 보세요. (단, 흰색 길을 따라서 이동합니다.)

(   )

4 길이가 다음과 같은 성냥개비가 있습니다. 성냥개비를 이용하여 잴 수 있는 길이를 모두 구해 보세요. 문제 해결

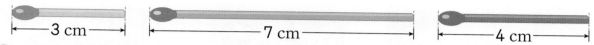

① 성냥개비 2개를 겹치지 않게 놓아서 잴 수 있는 길이를 구해 보세요.

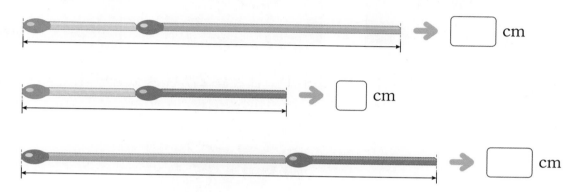

② 성냥개비 2개를 겹치게 놓아서 잴 수 있는 길이를 구해 보세요.

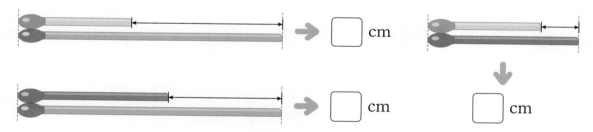

③ 성냥개비 3개를 모두 이용하여 잴 수 있는 길이를 구해 보세요.

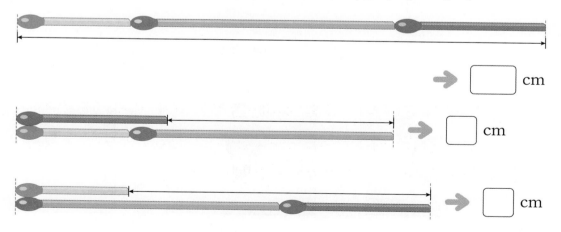

3주
특강

5 쓰여 있는 수는 접시에 놓여 있는 두 음식의 무게의 합을 나타냅니다. 물음에 답하세요.

  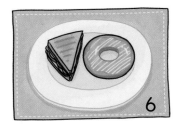

① 다음 접시에 그림과 같이 **3**가지의 음식을 **2**개씩 놓았습니다. ☐ 안에 알맞은 수를 써넣으세요.

② 다음 접시에 그림과 같이 **3**가지의 음식을 **1**개씩 놓았습니다. ☐ 안에 알맞은 수를 써넣으세요.

③ 다음 접시에 그림과 같이 음식을 **1**개씩 놓았습니다. ☐ 안에 알맞은 수를 써넣으세요.

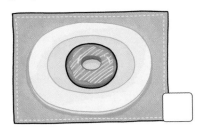  

6 가위바위보를 하여 토끼 인형을 모으는 게임을 했습니다. 가위바위보를 3판 하였을 때 모은 토끼 인형은 몇 개인지 구해 보세요. 창의·융합 문제 해결

> 가위로 이겼을 경우: 토끼 인형을 16개 가져갑니다.
> 바위로 이겼을 경우: 토끼 인형을 25개 가져갑니다.
> 보로 이겼을 경우: 토끼 인형을 24개 가져갑니다.
> 비긴 경우: 토끼 인형을 가져가지 않습니다.

❶ 석진이와 민하는 가위바위보를 3판 했습니다. 다음과 같이 냈을 때 석진이와 민하가 모은 토끼 인형은 각각 몇 개인지 구해 보세요.

석진		민하
가위	1회	보
바위	2회	보
바위	3회	가위

석진	민하

❷ 재민이와 다영이는 토끼 인형 50개를 각각 나눠 가진 다음 가위바위보를 했습니다. 졌을 경우에는 토끼 인형을 15개씩 내놓았을 때 가위바위보를 한 다음 재민이와 다영이가 가지고 있는 토끼 인형은 각각 몇 개인지 구해 보세요.

재민		다영
바위	1회	보
보	2회	보
바위	3회	가위

재민	다영

1 주어진 수 카드를 모두 한 번씩 사용하여 식을 완성해 보세요.

$\boxed{1}$ $\boxed{5}$ $\boxed{7}$ $\boxed{6}$

$\square\square + \square\square = 127$

2 같은 모양은 같은 수를 나타냅니다. 식을 보고 모양에 알맞은 수를 각각 구해 보세요.

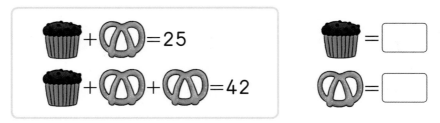

🧁 + 🥨 = 25

🧁 + 🥨 + 🥨 = 42

🧁 = $\square$

🥨 = $\square$

3 모니터의 가로를 재어서 나타낸 수입니다. 한 뼘의 길이는 누가 가장 긴지 구해 보세요.

수민이의 손으로 **4**뼘, 준수의 손으로 **6**뼘, 채린이의 손으로 **7**뼘

( )

4 같은 모양은 같은 수를 나타낼 때 각 모양이 나타내는 수를 구해 보세요.

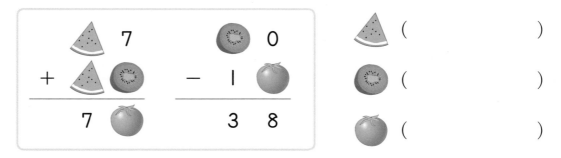

🍉 7

\+ 🍉 🥝

――――

7 🍅

🥝 0

\- 1 🍅

――――

3 8

🍉 ( )

🥝 ( )

🍅 ( )

[5~7] 여러 가지 물건으로 막대와 같은 길이를 만들었습니다. 클립의 길이가 3 cm일 때 물음에 답하세요.

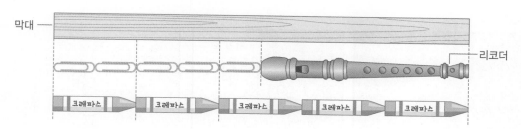

5 크레파스의 길이는 몇 cm인가요?

(   )

6 리코더의 길이는 몇 cm인가요?

(   )

7 막대의 길이는 몇 cm인가요?

(   )

[8~9] 수 9개가 쓰여 있는 흰 종이와 구멍이 뚫려 있는 색종이를 보고 물음에 답하세요.

55	14	52
24	27	94
34	28	21

8 빨간 색종이를 돌리거나 뒤집지 않고 그대로 옮겨 흰 종이에 딱 맞게 올렸을 때 보이는 수의 합을 구해 보세요.

(   )

9 파란 색종이를 돌리거나 뒤집지 않고 그대로 옮겨 흰 종이에 딱 맞게 올렸을 때 보이는 수 중 가장 큰 수에서 나머지 두 수를 뺀 값을 구해 보세요.

(   )

* 둔재: 재주가 둔한 사람.
천재의 반대말

돌아다녔더니 배고프다.

저기 있는 붕어빵을 사 먹자!

붕어빵이 3개씩 6묶음 있네요.

그럼 붕어빵은 모두 몇 개일까?

맞히면 공짜로 붕어빵을 줄게.

정말요?

붕어빵의 수는 3개씩 6묶음이니까 18개예요.

$$3+3+3+3+3+3=18$$

3의 6배는 3 곱하기 6이 잖아요.
$$3 \times 6 = 18$$

맞아! 묶음이나 배를 곱셈 기호를 이용하면 편리하게 나타낼 수 있어.

야호~!! 맛있는 붕어빵!

너 '어두육미'라는 사자성어 알아?

몰라~

물고기는 머리가 맛있고, 육지 고기는 꼬리가 맛있다는 뜻이야.

넌 맛있는 머리와 꼬리를 먹어!

나는 맛없는 몸통을 먹을게~

천재는 천재네. 잔머리 천재~

휴

이번 주에는 무엇을 공부할까? ❷

기준: 사각형과 사각형이 아닌 도형

분류는 기준에 따라 나누는 것입니다.

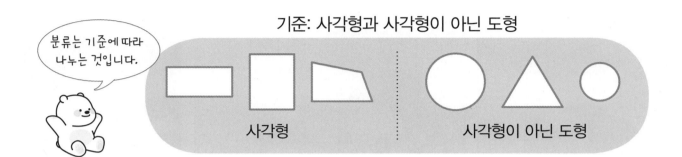

사각형　　　　　　　　사각형이 아닌 도형

[확인 문제]

[한번 더]

1-1 단추를 단추 구멍의 수에 따라 분류하여 기호를 써 보세요.

단추 구멍이 2개	단추 구멍이 4개

1-2 도형을 색깔에 따라 분류하여 기호를 써 보세요.

빨간색	파란색	초록색

2-1 위 **1-1**의 단추를 색깔에 따라 분류하여 수를 세어 보세요.

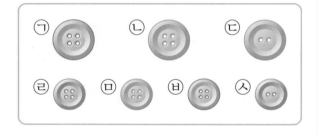

단추 색깔	단추 수(개)
초록색	
빨간색	
보라색	

2-2 위 **1-2**의 도형을 변의 수에 따라 분류하여 수를 세어 보세요.

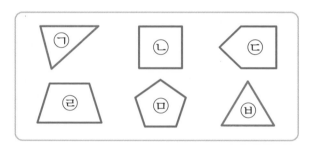

변의 수	도형 수(개)
3개	
4개	
5개	

4와 3의 곱은 12입니다.

4의 3배를 4×3이라고 합니다.

$$4 \times 3 = 12$$

4 곱하기 3은 12와 같습니다.

확인 문제

한번 더

3-1 그림을 보고 ☐ 안에 알맞은 수를 써넣으세요.

가로 한 줄에 5개

5씩 ☐ 묶음 ➡ ☐ 개

3-2 그림을 보고 ☐ 안에 알맞은 수를 써넣으세요.

세로 한 줄에 4개

4씩 ☐ 묶음 ➡ ☐ 개

4-1 ☐ 안에 알맞은 수를 써넣으세요.

(1) 2+2+2+2+2 ➡ ☐의 ☐배

(2) 3+3+3+3 ➡ ☐의 ☐배

4-2 ☐ 안에 알맞은 수를 써넣으세요.

(1) 4의 8배 ➡ ☐×☐

(2) 9의 3배 ➡ ☐×☐

5-1 매미의 날개는 4장입니다. 매미 5마리의 날개는 몇 장일까요?

☐×☐=☐(장)

5-2 사슴벌레의 다리는 6개입니다. 사슴벌레 3마리의 다리는 몇 개일까요?

☐×☐=☐(개)

1 분류하여 세고 결과 말하기

일	월	화	수	목	금	토
☀	☁	☀	☀	☁	☀	☔

날씨	☀ 맑은 날	☁ 흐린 날	☔ 비 온 날
날수(일)	4	2	1

• 맑은 날이 4일로 가장 많습니다.
• 비 온 날이 1일로 가장 적습니다.

활동 문제 어느 달의 날씨를 조사하였습니다. 날씨에 따라 분류하여 수를 세고 ☐ 안을 알맞게 채워 보세요.

일	월	화	수	목	금	토
1 ☁	2 ☁	3 ☀	4 ☀	5 ☀	6 ☁	7 ☁
8 ☔	9 ☔	10 ☁	11 ☁	12 ☔	13 ☀	14 ☀
15 ☀	16 ☀	17 ☔	18 ☔	19 ☀	20 ☀	21 ☀
22 ☔	23 ☁	24 ☁	25 ☁	26 ☀	27 ☁	28 ☔
29 ☀	30 ☀	31 ☀				

분류하여 수 세기 ➡

날씨	☀	☁	☔
날수(일)			

분류한 결과 말하기 ➡ 맑은 날이 ☐ 일로 가장 ☐ 습니다.

비 온 날이 ☐ 일로 가장 ☐ 습니다.

2 분류하여 수를 세고 점으로 나타내기

일	월	화	수	목	금	토

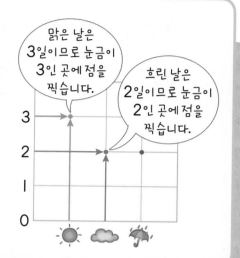

- 맑은 날()은 3일입니다.
- 흐린 날(☁)과 비 온 날(☂)은 각각 2일입니다.

맑은 날은 3일이므로 눈금이 3인 곳에점을 찍습니다.

흐린 날은 2일이므로 눈금이 2인 곳에점을 찍습니다.

4주 1일

활동 문제　일요일부터 토요일까지 날씨에 따라 분류하여 알맞게 점으로 나타내어 보세요.

❶

❷

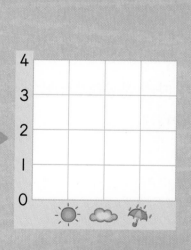

❸

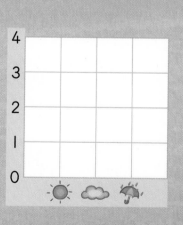

1-1 붙임딱지를 분류한 것을 보고 어떤 기준으로 분류하였는지 기호를 찾아 써 보세요.

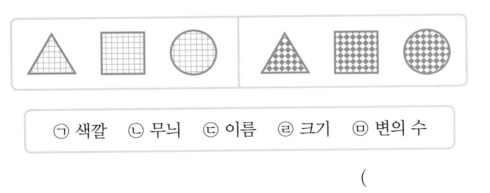

⊙ 색깔   ⓒ 무늬   ⓒ 이름   ② 크기   ⑩ 변의 수

(   )

왼쪽과 오른쪽의 도형에서 서로 다른 점을 찾아봅니다.

1-2 기준에 따라 분류했을 때 그 수가 가장 많은 것은 무엇이고 몇 개인지 알아보세요.

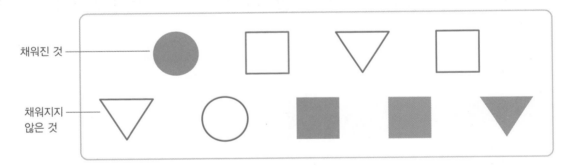

채워진 것

채워지지
않은 것

(1) 채우기에 따라 분류 ➡ 채우기에 따라 분류하면 채워지지 않은 것이 ☐개로 더 많습니다.

(2) 색깔에 따라 분류 ➡ 색깔에 따라 분류하면 (빨간색 , 초록색)이 ☐개로 더 많습니다.

(3) 모양에 따라 분류

➡ _____

2-1 지용이는 가지고 있는 공깃돌 16개를 색깔별로 분류하였습니다. 노란색 공깃돌은 몇 개인지 구해 보세요.

색깔	빨간색	노란색	파란색	분홍색	초록색
수(개)	4		1	5	3

(   )

- 구하려는 것: 노란색 공깃돌의 수
- 주어진 조건: 가지고 있는 공깃돌은 모두 16개, 노란색이 아닌 공깃돌의 수
- 해결 전략: ❶ 노란색이 아닌 공깃돌의 수가 모두 몇 개인지 구하기
  ❷ 전체 공깃돌의 수에서 ❶에서 구한 수 빼기

4주
1일

2-2 체육관에 있는 공을 분류하여 나타낸 것입니다. 공이 모두 19개일 때 농구공은 몇 개인지 구해 보세요.

공의 종류	농구공	축구공	배구공	야구공	핸드볼공
수(개)		5	3	5	3

(   )

2-3 편의점에 진열되어 있는 우유를 분류하여 나타낸 것입니다. 우유가 모두 18개일 때 가장 많이 진열되어 있는 우유와 가장 적게 진열되어 있는 우유는 무엇인지 차례로 써 보세요.

우유	흰 우유	커피 맛 우유	초콜릿 맛 우유	딸기 맛 우유	바나나 맛 우유
수(개)	4	4	3		2

(   ), (   )

1 왼쪽과 오른쪽으로 분류한 기준을 찾아 써 보세요.
추론

(1)

왼쪽	오른쪽

_____

_____

(2)

왼쪽	오른쪽

_____

_____

2 비 오는 날 지호네 모둠 친구들이 가지고 온 우산을 조사하여 나타낸 것입니다. 우산을
창의 · 융합 분류하여 알맞게 점으로 나타내어 보세요.

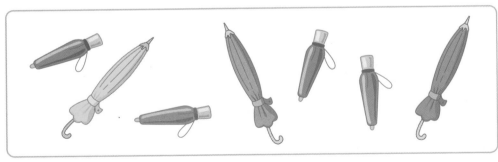

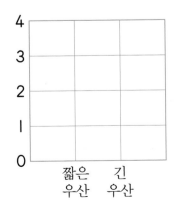

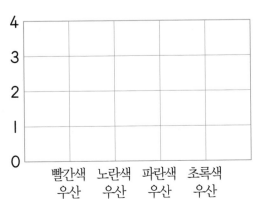

▶정답 및 해설 27쪽

3 학교에서 시간표에 맞게 수업을 합니다. 시간표를 보고 물음에 답하세요.

창의·융합

교시 \ 요일	월	화	수	목	금
1	수학	국어	통합 교과	창의적 체험 활동	국어
2	국어	국어	통합 교과	국어	통합 교과
3	통합 교과	통합 교과	국어	국어	통합 교과
4	통합 교과	창의적 체험 활동	수학	수학	수학
5	창의적 체험 활동		수학		

(1) 하루에 몇 교시를 하는지 분류하여 요일을 알맞게 써 보세요.

하루 수업	4교시	5교시
요일		

(2) 월요일부터 금요일까지의 시간표를 과목에 따라 분류하여 세어 보세요.

과목	수학	국어	통합 교과	창의적 체험 활동
수업 수(번)				

4 서랍에 들어 있는 옷을 분류하여 나타낸 것입니다. 전체 옷이 15벌일 때 바지는 몇 벌인지 구해 보세요.

문제 해결

옷의 종류	스웨터	속옷	바지	티셔츠	남방
수(벌)	2	5		2	4

(   )

1 공통점 찾기

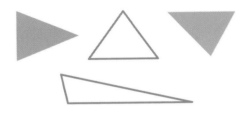

→ 모두 삼각형입니다.

→ 모두 다리가 4개인 동물입니다.

활동 문제 어떤 공통점이 있는지 써 보세요.

❶

모두 _____
입니다.

❷

모두 _____
입니다.

❸

모두 _____
입니다.

2 이름을 정하여 분류하기

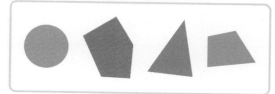

- 공통점 ➡ 안쪽에 색칠이 되어 있습니다.
- 왼쪽과 같은 것을 삑삑이라고 이름을 정했습니다.

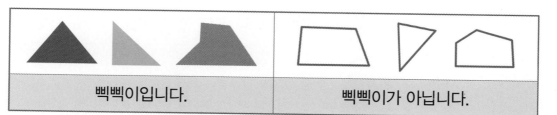

삑삑이입니다.	삑삑이가 아닙니다.

4주 2일

활동 문제 이름을 정한 것을 보고 행행이에 모두 ○표, 송송이에 모두 △표 하세요.

이름 정하기

행행이입니다.	행행이가 아닙니다.

송송이입니다.	송송이가 아닙니다.

1-1 공통점이 <u>없는</u> 하나를 찾아 기호를 써 보세요.

(1)

| ㉠ 소방차 | ㉡ 오토바이 | ㉢ 독수리 | ㉣ 자전거 | ㉤ 트럭 |

(   )

(2)

| ㉠ 귤 | ㉡ 사과 | ㉢ 포도 | ㉣ 감 | ㉤ 호랑이 |

(   )

(1) 소방차, 오토바이 등은 타고 이동할 때 사용하는 것입니다.
(2) 귤, 사과 등은 과일입니다.

1-2 지운이는 웅웅이라고 부르기로 한 것들을 모았습니다. 다음 중에서 한 가지를 잘못 모았다면 잘못 모은 것은 무엇인지 기호를 써 보세요.

| ㉠ 오리 | ㉡ 참새 | ㉢ 까마귀 | ㉣ 까치 |
| ㉤ 홍학 | ㉥ 코끼리 | ㉦ 기러기 | ㉧ 황새 |

(   )

1-3 현서는 낭낭이라고 부르기로 한 것들을 모았습니다. 다음 중에서 한 가지를 잘못 모았다면 잘못 모은 것은 무엇인지 기호를 쓰고, 낭낭이는 어떤 것인지 써 보세요.

| ㉠ 달팽이 | ㉡ 은행나무 | ㉢ 고래 | ㉣ 펭귄 |
| ㉤ 앵무새 | ㉥ 메뚜기 | ㉦ 젖소 | ㉧ 뱀 |

잘못 모은 것은 ☐ 이고, 낭낭이라고 부르기로 한 것들은 ☐ 입니다.

2-1 은수는 다음과 같이 모모인 것과 모모가 아닌 것으로 나누었습니다. 모모라고 이름을 정한 도형의 특징은 무엇인지 써 보세요.

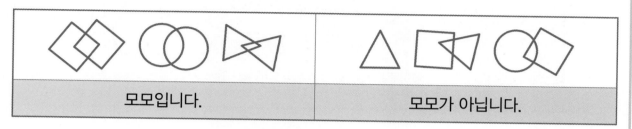

모모입니다.	모모가 아닙니다.

_____

- 구하려는 것: 모모라고 이름을 정한 도형의 특징
- 주어진 조건: 모모인 것과 모모가 아닌 것
- 해결 전략: 모모라고 이름을 정한 도형은 어떤 도형이 겹쳐져 있는지 알아봅니다.

4주
2일

2-2 지안이와 예준이는 두 자리 수 중에서 어떤 수들을 텐텐이라고 부르기로 정했습니다. 두 사람의 대화를 읽고, 텐텐이라고 이름을 정한 수는 어떤 수인지 써 보세요.

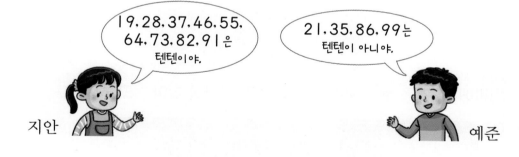

_____

2-3 기주는 두 자리 수 중에서 어떤 수들을 월월이라고 부르기로 정했습니다. 다음을 보고 월월이라고 이름을 정한 수는 어떤 수인지 써 보세요.

34, 12, 67, 45, 89, 78	14, 57, 65, 76, 97, 43, 90
월월입니다.	월월이 아닙니다.

_____

1 수민이가 티티라고 부르기로 정한 도형과 아닌 도형을 나누었습니다. 주어진 도형을 티
추론 티인지 아닌지 분류하여 기호를 써 보세요.

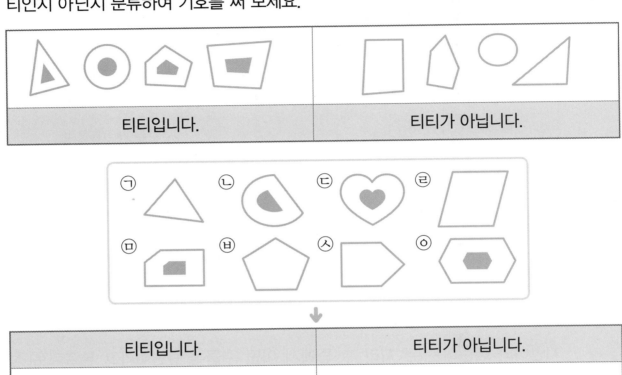

티티입니다.	티티가 아닙니다.

2 칠판에 쓴 것을 보고 공통점이 없는 것 하나를 찾아 ×표 하세요.
창의·융합

(1)

뿌   다   리
가   2   톡
          롤

(2)

커   눈   코
  발   손   귀
                입

3 진영이는 다음과 같이 르르인 것과 르르가 아닌 것을 분류하려고 합니다. 주어진 것 중에서 르르를 모두 찾아 기호를 써 보세요.

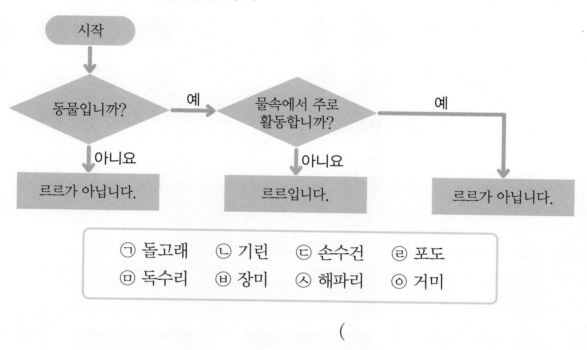

ㄱ 돌고래   ㄴ 기린   ㄷ 손수건   ㄹ 포도
ㅁ 독수리   ㅂ 장미   ㅅ 해파리   ㅇ 거미

(   )

4 우영이는 두 자리 수 중에서 어떤 수들을 깅깅이라고 부르기로 정했습니다. 다음을 보고 물음에 답하세요.

22, 33, 99, 88, 77, 55	15, 12, 32, 36, 49, 50, 67
깅깅입니다.	깅깅이 아닙니다.

(1) 깅깅이라고 부르기로 한 수는 어떤 수인지 써 보세요.

_____

(2) 다음 수가 깅깅이면 ○표, 아니면 ×표 하세요.

20 (   )   66 (   )

1 몇씩 몇 묶음으로 수 세기

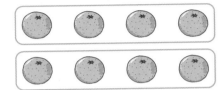

귤이 **4**씩 **2**묶음

$4 \times 2 = 8$

귤이 **2**씩 **4**묶음

$2 \times 4 = 8$

활동 문제 밭에 배추가 있습니다. 배추가 모두 몇 포기인지 세어 보세요.

❶

[ ] 포기

❷

[ ] 포기

❸

[ ] 포기

2 여러 부분으로 묶어서 수 세기

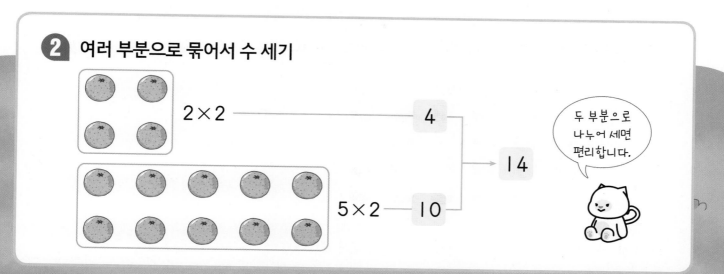

2×2 ———————— 4

5×2 — 10

14

두 부분으로
나누어 세면
편리합니다.

활동 문제 밭에 무가 있습니다. 무가 모두 몇 개인지 세어 보세요.

4주
3일

❶
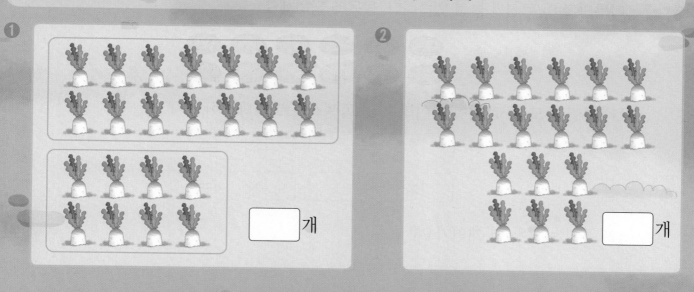

개

❷

개

❸

개

1-1 묶어 세기를 하여 빈칸에 알맞은 수를 써넣으세요.

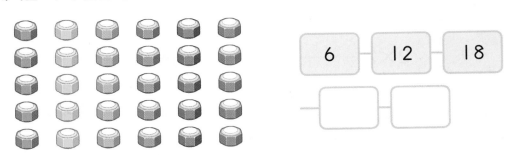

가로 한 줄에 6개씩 있으므로 6씩 커지도록 묶어서 세어 봅니다.

1-2 다음과 같이 쿠키가 놓여 있습니다. 물음에 답하세요.

(1) 쿠키는 모두 몇 개인지 여러 가지 곱셈식으로 나타내어 보세요.

□×□=□, □×□=□,

□×□=□, □×□=□

(2) 쿠키는 모두 몇 개인가요?　　　　　　　　(　　　　　　　　　)

1-3 다음과 같이 사탕이 놓여 있습니다. 사탕의 수를 여러 가지 곱셈식으로 나타내어 보세요.

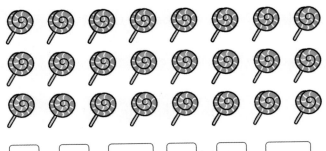

□×□=□, □×□=□,

□×□=□, □×□=□

2-1  🐰 모양이 규칙적으로 그려진 오른쪽 벽지에 보라색 종이를 붙였습니다. 벽지에 그려진 🐰 모양은 모두 몇 개였는지 구해 보세요.

(   )

- 구하려는 것: 🐰 모양의 수
- 주어진 조건 찾기: 🐰 모양이 규칙적으로 그려진 벽지
- 해결 전략: 모양이 가로로 몇 개씩 있고, 세로로 몇 줄인지 알아봅니다.

4주

3일

2-2 체리가 규칙적으로 그려진 손수건에 파란색 종이를 올려놓았습니다. 손수건에 그려진 체리는 모두 몇 개인지 구해 보세요. (단, 🍒 는 체리 2개입니다)

(   )

2-3 오른쪽과 같이 바나나가 규칙적으로 그려진 벽지에 빨간색 육각형 모양 종이를 붙였습니다. 벽지에 그려진 바나나는 모두 몇 개인지 구해 보세요.

(단, 🍌 는 바나나 3개입니다.)

(   )

1 초콜릿은 모두 몇 개인지 구해 보세요.

문제 해결

(   )

2 꽃들의 꽃잎 수를 보고 전체 꽃잎 수는 모두 몇 개인지 알아보세요.

창의 · 융합

(1)  ── 코스모스

 코스모스의 꽃잎 수는 8장입니다.

(   )

(2)    ── 채송화

 채송화의 꽃잎 수는 5장입니다.

(   )

3 다음을 보고 긴 막대의 길이는 짧은 막대의 길이의 몇 배인지 구해 보세요.

문제 해결

(1)

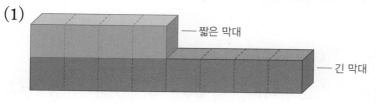

짧은 막대

긴 막대

(   )

(2)

짧은 막대

긴 막대

(   )

4 포도를 한 바구니에 7송이씩 담아 바구니를 겹쳐 놓았습니다. 바구니 3개에 담겨 있는 포도는 모두 몇 송이인지 구해 보세요.

추론

(   )

5 면봉으로 오른쪽과 같은 모양을 만들었습니다. 같은 모양을 4개 만들려면 면봉은 모두 몇 개 필요한지 구해 보세요.

문제 해결

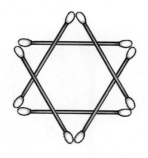

(   )

1 곱셈 빙고 게임

5×2　　3×3　　6×2

- 표에서 결과를 찾아 차례로 ○표 합니다.
- 오른쪽과 같이 가로 또는 세로로 한 줄의 수에 모두 ○표 하면 빙고입니다.

20	6	(10)
30	15	9
17	5	(12)

5×2=10
3×3=9
6×2=12

활동 문제　곱셈 빙고 게임을 하고 있습니다. 빙고가 완성되는 것의 지붕에 ☆표 하세요.

❶　4×5　　3×4　　7×2　　3×6　　4×2　　8×2

지붕

18	7	12
21	15	42
14	35	16

6	15	10
30	24	20
14	12	8

12	11	21
6	16	14
20	36	25

❷　3×5　　2×5　　6×4　　7×3　　4×4　　9×2

21	9	27
15	22	17
24	32	16

18	30	10
24	40	21
14	15	12

21	25	16
28	18	24
35	10	19

2 곱셈 미로

앞으로 2×3

출발

2×3은 6이므로 앞으로 6칸 간 곳에 멈추고 ○표 합니다.

뒤로 2×2

2×2는 4이므로 뒤로 4칸 간 곳에 멈추고 ○표 합니다.

활동 문제　출발 지점에서 시작하여 다음 순서대로 이동할 때 멈추게 되는 곳에 ○표 하세요.
(단, 이동 중에 도착 지점에 닿으면 멈춥니다.)

앞으로 3×4

앞으로 3×3

뒤로 4×2

앞으로 3×5

앞으로 2×6

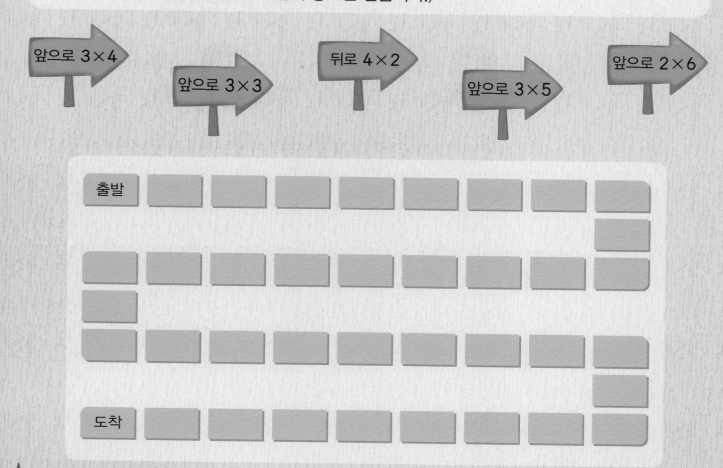

출발

도착

1-1 두 사람의 대화를 보고 ☐ 안에 알맞은 수를 써넣으세요.

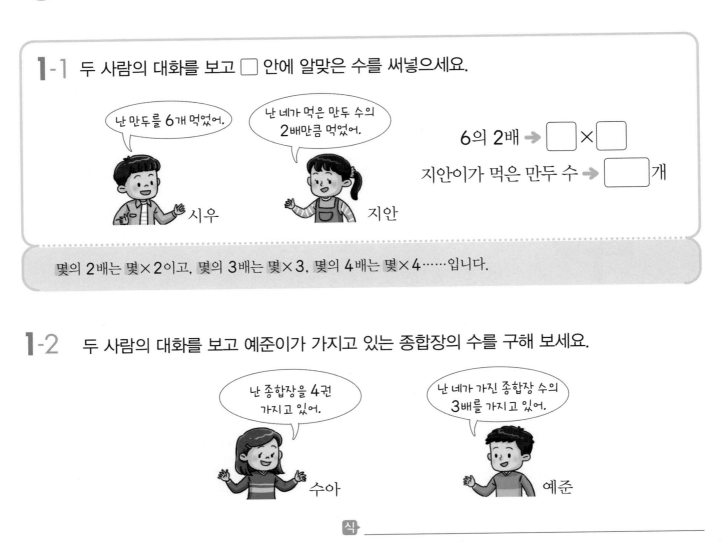

난 만두를 6개 먹었어.

시우

난 네가 먹은 만두 수의 2배만큼 먹었어.

지안

6의 2배 ➡ ☐ × ☐

지안이가 먹은 만두 수 ➡ ☐ 개

몇의 2배는 몇×2이고, 몇의 3배는 몇×3, 몇의 4배는 몇×4……입니다.

1-2 두 사람의 대화를 보고 예준이가 가지고 있는 종합장의 수를 구해 보세요.

난 종합장을 4권 가지고 있어.

수아

난 네가 가진 종합장 수의 3배를 가지고 있어.

예준

식 _____

답 _____

1-3 아린이는 양말을 4켤레씩 6묶음 가지고 있고, 은우는 양말을 6켤레씩 5묶음 가지고 있습니다. 누가 양말을 더 많이 가지고 있는지 구해 보세요.

(1) 아린이가 가지고 있는 양말은 몇 켤레인가요?

(   )

(2) 은우가 가지고 있는 양말은 몇 켤레인가요?

(   )

(3) 누가 양말을 더 많이 가지고 있나요?

(   )

2-1 은호는 다음과 같이 블록을 6개씩 끼워 똑같은 모양을 3개 만들었습니다. 그중 블록 5개를 뽑아서 지안이에게 주었다면 은호에게 남은 블록은 몇 개인지 구해 보세요.

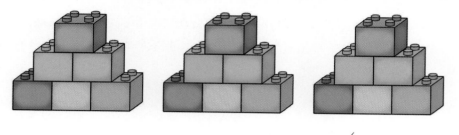

(   )

- 구하려는 것: 은호에게 남은 블록의 수
- 주어진 조건: 블록을 6개씩 쌓은 모양 3개, 지안이에게 블록 5개를 줌.
- 해결 전략: ❶ 은호가 처음 가지고 있던 블록의 수 구하기
  ❷ 지안이에게 주고 남은 블록의 수 구하기

2-2 영은이는 색종이를 7장 가지고 있고, 서진이는 영은이가 가진 색종이의 2배만큼 가지고 있습니다. 영은이와 서진이가 가지고 있는 색종이는 모두 몇 장인지 구해 보세요.

(1) 서진이가 가지고 있는 색종이는 몇 장인가요?

(   )

(2) 영은이와 서진이가 가지고 있는 색종이는 모두 몇 장인가요?

(   )

2-3 수지는 지우개를 4개씩 3묶음 가지고 있습니다. 수지가 인호에게 지우개 2개를 주었다면 수지에게 남은 지우개는 몇 개인지 구해 보세요.

(   )

1 코딩 화살표 방향으로 계산하여 빈 곳에 알맞은 수를 써넣으세요.

(1)
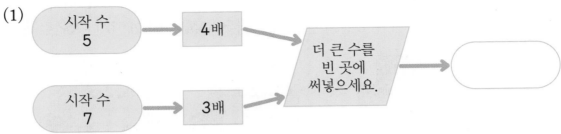

| 시작 수 5 | → | 4배 | → | 더 큰 수를 빈 곳에 써넣으세요. | → | |
| 시작 수 7 | → | 3배 | | | | |

(2)
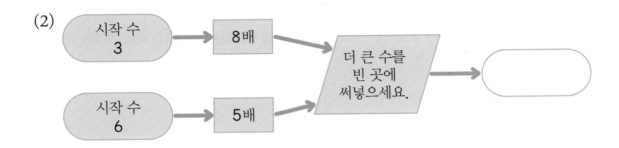

| 시작 수 3 | → | 8배 | → | 더 큰 수를 빈 곳에 써넣으세요. | → | |
| 시작 수 6 | → | 5배 | | | | |

2 창의 · 융합 감기에 걸려서 약국에서 약을 3일치 샀습니다. 약은 한 봉지에 알약이 2알씩 들어 있습니다. 그림을 보고 물음에 답하세요.

하루치 약 →
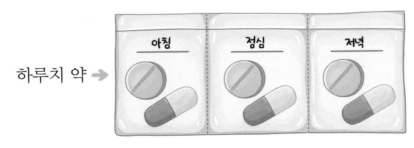

(1) 하루에 먹어야 하는 알약의 수를 곱셈식으로 나타내어 보세요.

$\square \times \square = \square$ (알)

(2) 3일 동안 먹어야 하는 알약의 수를 곱셈식으로 나타내어 보세요.

$\square \times \square = \square$ (알)

3
추론

곱셈 빙고 게임을 하고 있습니다. 빙고가 완성되는 것을 찾아 ○표 하세요.

게임 방법

① 표에서 결과를 찾아 ○표 합니다.

② 가로 또는 세로로 한 줄의 수에 모두 ○표 하면 빙고입니다.

6×3   5×2   3×3   6×2   7×3   9×4

20	19	36
23	24	11
21	12	9

(   )

26	36	10
9	16	22
8	21	17

(   )

12	18	25
15	27	10
30	9	19

(   )

4주
4일

4 다음을 읽고 비밀번호 3개는 무엇인지 작은 수부터 차례로 써넣으세요.
문제 해결

• 비밀번호 중 두 수의 곱은 16입니다.

• 비밀번호 중에서 가장 작은 수는 1입니다.

• 비밀번호는 다음에 있는 수 중에 서로 다른 3개입니다.

| 1 | 2 | 3 | 4 | 5 | 6 | 7 | 8 | 9 |

비밀번호 ➡ ☐ ☐ ☐

1 양말과 신발을 신는 <u>가짓수</u>
　　　　　　　└─ 종류의 수,
　　　　　　　　　방법의 수

→ 3가지

→ 3가지

양말과 신발을 한 켤레씩
신으려고 합니다.

양말이 2종류이므로 신을 수 있는 가지
수는 $3 \times 2 = 6$(가지)입니다.

활동 문제　윗옷과 신발을 하나씩 고르려고 합니다. 모두 몇 가지 방법이 있는지 구해 보세요.

❶

☐ 가지

❷

☐ 가지

활동 문제　윗옷과 바지를 하나씩 골라 입으려고 합니다. 모두 몇 가지 방법으로 입을 수 있는
　　　　　지 구해 보세요.

❸

☐ 가지

2 집으로 가는 길의 가짓수 알아보기

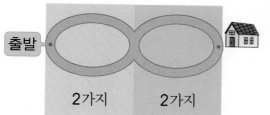

2가지   2가지

• 첫 번째 갈림길에서 위쪽 길로 가는 방법

• 첫 번째 갈림길에서 아래쪽 길로 가는 방법

첫 번째 갈림길을 지나가는 방법이 2가지, 두 번째 갈림길을 지나가는 방법이 2가지이므로 집으로 가는 길의 가짓수는 모두 $2 \times 2 = 4$(가지)입니다.

4주
5일

활동 문제 출발 지점에서 출발하여 집으로 가려고 합니다. 집으로 가는 방법은 모두 몇 가지인지 구해 보세요. (단, 갔던 곳을 다시 가거나 같은 길을 두 번 지나가지 않습니다.)

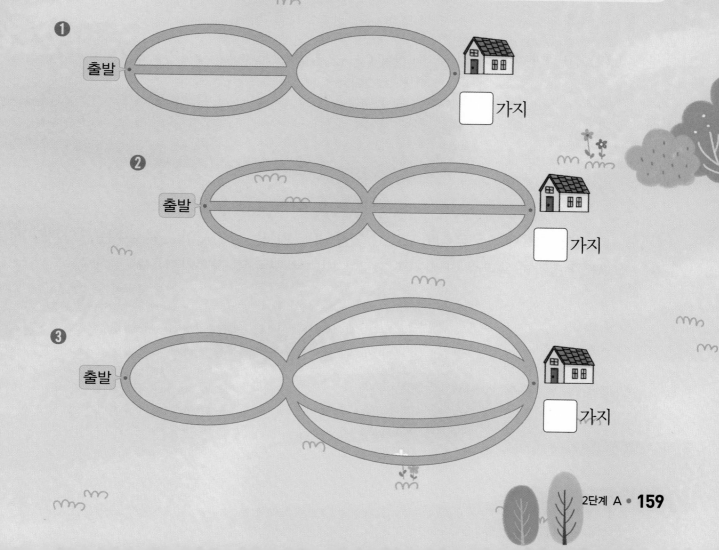

❶ 출발   ☐ 가지

❷ 출발   ☐ 가지

❸ 출발   ☐ 가지

1-1 사탕은 5가지 종류가 있고, 젤리는 3가지 종류가 있습니다. 사탕 Ⅰ개와 젤리 Ⅰ개를 고르는 방법은 모두 몇 가지인지 알아보세요.

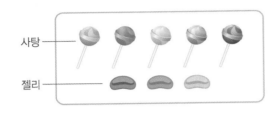

사탕 ─

젤리 ─

사탕의 수   젤리의 수

$\boxed{}$ × $\boxed{}$

→ $\boxed{}$ 가지

사탕의 수와 젤리의 수를 곱하여 사탕과 젤리를 각각 Ⅰ개씩 고르는 가짓수를 알아봅니다.

1-2 주원이는 신발과 가방을 고르고 있습니다. 신발은 4켤레이고 가방은 5개일 때 신발 한 켤레와 가방 하나를 고르는 방법은 모두 몇 가지인지 구해 보세요.

(1) 신발 하나를 골랐을 때 가방을 고르는 방법은 몇 가지일까요?

(   )

(2) 신발 한 켤레와 가방 하나를 고르는 방법은 모두 몇 가지일까요?

| 신발 4켤레 | 가방 5개 |

(   )

1-3 수정이는 피자와 음료수를 고르고 있습니다. 피자는 2가지이고 음료수는 3가지일 때 피자 한 조각과 음료수 한 가지를 고르는 방법은 모두 몇 가지인지 구해 보세요.

(   )

2-1 지선이는 모자와 안경을 하나씩 쓰려고 합니다. 모자가 3개 있고, 안경이 2개 있다면 모자와 안경을 쓰는 방법은 모두 몇 가지인지 구해 보세요.

(   )

- 구하려는 것: 모자와 안경을 쓰는 방법의 수
- 주어진 조건: 모자 3개, 안경 2개
- 해결 전략: ❶ 모자 한 개를 썼을 때 안경을 쓰는 방법은 몇 가지인지 알아보기
  ❷ 모자 수에 위 ❶에서 구한 수를 곱하기

2-2 송주는 모자와 안경을 하나씩 쓰려고 합니다. 모자가 4개 있고, 안경이 2개 있다면 모자와 안경을 쓰는 방법은 모두 몇 가지인지 구해 보세요.

(   )

2-3 다은이는 사탕 한 개와 우유 한 개를 고르고 있습니다. 고를 수 있는 것이 다음과 같을 때 다은이가 사탕과 우유를 고르는 방법은 모두 몇 가지인지 구해 보세요.

사탕	포도 맛, 딸기 맛, 초콜릿 맛, 오렌지 맛, 아몬드 맛
우유	딸기 맛, 초콜릿 맛, 바나나 맛, 사과 맛, 멜론 맛

(   )

1 왼쪽 반찬 중에 한 가지와 오른쪽 후식 중에 한 가지를 골라 도시락을 싸려고 합니다. 도시락을 싸는 방법은 모두 몇 가지인지 구해 보세요.

창의 · 융합

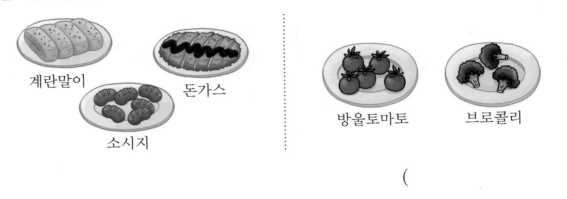

계란말이
돈가스
소시지
방울토마토
브로콜리

( )

2 출발 지점에서 출발하여 집으로 가려고 합니다. 가는 방법은 모두 몇 가지인지 구해 보세요. (단, 갔던 곳을 다시 가거나 같은 길을 두 번 지나가지 않습니다.)

창의 · 융합

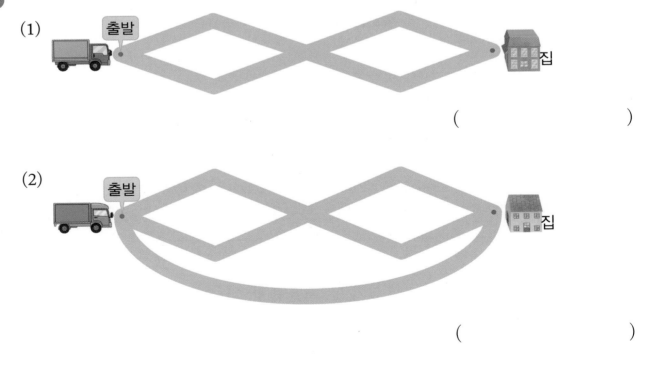

(1) 출발 집

( )

(2) 출발 집

( )

3
추론

깃발을 두 부분으로 나누어 주어진 크레파스로 색칠하려고 합니다. 두 부분 모두 색칠해야 하고 같은 색을 색칠할 수도 있습니다. 모두 몇 가지 방법이 있는지 구해 보세요.

(1)
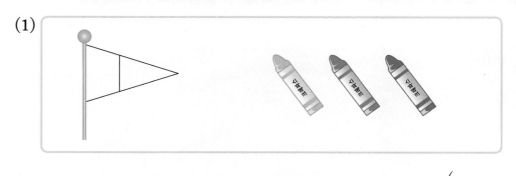

(   )

(2)

(   )

4
문제 해결

우진이는 인형 한 개와 공 한 개를 골라 가지려고 합니다. 우진이가 인형과 공을 고를 수 있는 방법은 모두 몇 가지일까요?

(   )

1 다람쥐가 먹이를 모아 집으로 가고 있습니다. 길을 따라가면서 모은 먹이를 분류하여 표로 나타내어 보세요. (단 지나온 길을 되돌아갈 수 없습니다.) 창의·융합

먹이	도토리	팥	땅콩	밤
수(개)				

2 보기 는 쌓기나무의 수가 1씩 커지는 규칙으로 쌓여 있을 때 전체 쌓기나무의 수를 구하는 방법입니다. 다음 방법을 이용하여 쌓여 있는 쌓기나무는 모두 몇 개인지 구해 보세요.

문제 해결

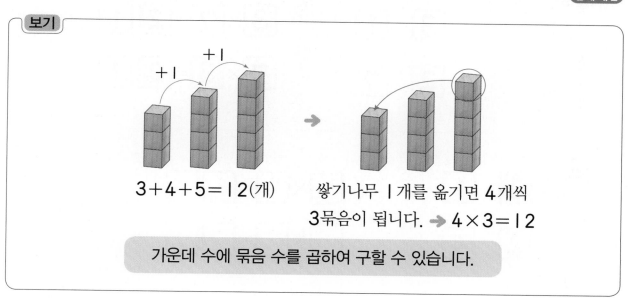

보기

$$3+4+5=12(개)$$

쌓기나무 1개를 옮기면 4개씩 3묶음이 됩니다. ➔ $4 \times 3 = 12$

가운데 수에 묶음 수를 곱하여 구할 수 있습니다.

4주
특강

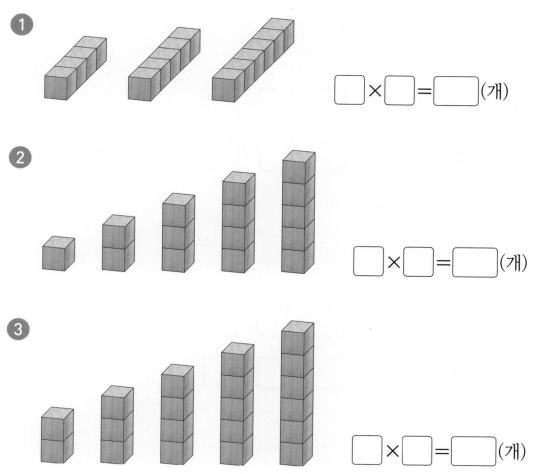

1 $\square \times \square = \square$ (개)

2 $\square \times \square = \square$ (개)

3 $\square \times \square = \square$ (개)

3 보기와 같이 주어진 수 카드를 한 번씩 모두 사용하여 곱셈식을 만들어 보세요. 추론

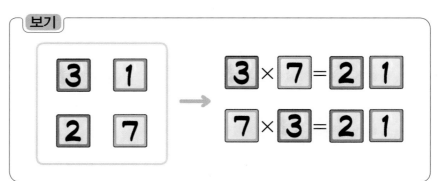

① 3 1
   2 4

→ □×□=□□

   □×□=□□

② 4 3
   6 9

→ □×□=□□

   □×□=□□

③ 6 4
   2 7

→ □×□=□□

   □×□=□□

4 운동 종목을 분류하여 가, 나, 다로 나타내었습니다. 빈칸에 알맞은 번호를 써넣으세요. [코딩]

공을 사용합니다.

아니요

물이 필요합니다.

예

예 | 아니요

가 | 나 | 다

| ① 골프 | ② 높이뛰기 | ③ 역도 | ④ 축구 | ⑤ 볼링 |
| ⑥ 수영 | ⑦ 유도 | ⑧ 다이빙 | ⑨ 배구 | ⑩ 축구 |

분류	가	나	다
번호			

5 주사위 놀이를 하여 다음과 같이 나왔습니다. 주사위의 눈 1개가 1점을 나타낼 때 얻은 점수는 몇 점인지 구해 보세요. [창의·융합]

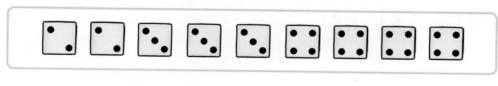

(   )

6 주어진 수를 모두 사용하려고 합니다. 빈칸을 알맞게 채워 보세요. 추론

①

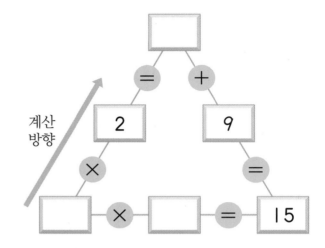

②

③

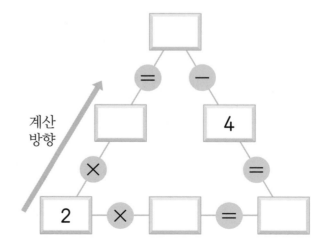

7 다음을 읽고 사진 속에서 나는 누구인지 찾아보세요. 추론 문제 해결

선호 미준 현수 미리 수영

수미 진수 민하

1단계: 나는 안경을 썼습니다.
2단계: 나는 모자를 쓰지 않았습니다.
3단계: 내 옷에는 동물이 그려져 있습니다.

1 1단계에 따라 안경을 쓴 사람과 쓰지 않은 사람으로 분류하여 보세요.

안경을 쓴 사람	안경을 쓰지 않은 사람

2 2단계에 따라 위 **1**에서 구한 안경을 쓴 사람을 모자를 쓴 사람과 모자를 쓰지 않은 사람으로 분류하여 보세요.

모자를 쓴 사람	모자를 쓰지 않은 사람

3 3단계에 따라 위 **2**에서 구한 모자를 쓰지 않은 사람 중 동물이 그려져 있는 옷을 입은 사람을 찾아 이름을 쓰세요.

나는 ☐입니다.

1 뛰어세기를 하고 있습니다. 빈칸에 알맞은 수를 써넣으세요.

5 — 10 — 15 — 20 — ☐ — ☐ — ☐ — ☐ — ☐

2 공통점이 없는 것 하나를 찾아 기호를 써 보세요.

ㄱ 독수리   ㄴ 코끼리   ㄷ 선풍기   ㄹ 메뚜기   ㅁ 토끼   ㅂ 쥐

(   )

3 성냥개비로 다음과 같은 모양을 만들었습니다. 같은 모양을 5개 만들려면 성냥개비는 모두 몇 개 필요한지 구해 보세요.

(   )

4 왼쪽과 오른쪽으로 분류한 기준을 써 보세요.

왼쪽	오른쪽	
미 영 우 하	5 16 三 × A	_____ _____

5 흰 우유가 5개씩 4줄 있습니다. 흰 우유는 모두 몇 개인가요?

(   )

6 수아는 다음과 같이 네네인 것과 네네가 아닌 것으로 분류하였습니다. 주어진 것 중에서 네네를 모두 찾아 기호를 써 보세요.

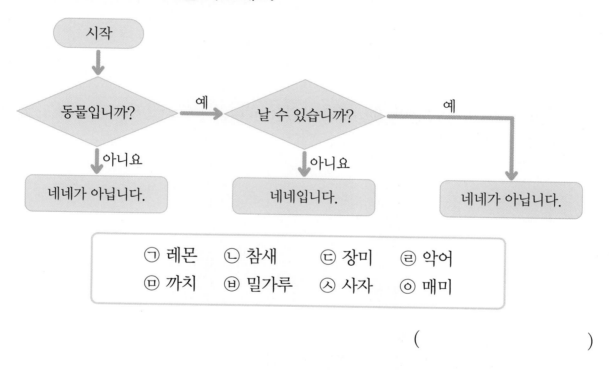

(   )

7 민준이는 양말과 신발을 고르고 있습니다. 양말은 4켤레이고, 신발은 2켤레일 때 양말 한 켤레와 신발 한 켤레를 신는 방법은 모두 몇 가지인지 구해 보세요.

(   )

하루하루 쌓이는 수학 자신감!

똑똑한 하루

수학 시리즈

초등 수학 첫 걸음

수학 공부, 절대 지루하면 안 되니까~
하루 10분 학습 커리큘럼으로
쉽고 재미있게 수학과 친해지기!

학습 영양 밸런스

〈수학〉은 물론 〈계산〉, 〈도형〉, 〈사고력〉편까지
초등 수학 전 영역을 커버하는 맞춤형 교재로
편식은 NO! 완벽한 수학 영양 밸런스!

창의·사고력 확장

초등학생에게 꼭 필요한 수학 지식과
창의·융합·사고력 확장을 위한
재미있는 문제 구성으로 힘찬 워밍업!

우리 아이 공부습관 프로젝트! 초1~초6

하루 수학 (총 6단계, 12권)

하루 계산 (총 6단계, 12권)

하루 도형 (총 6단계, 6권)

하루 사고력 (총 6단계, 12권)

똑똑한 하루 시/리/즈

✂ 쉽다!

10분이면 하루 치 공부를 마칠 수 있는 커리큘럼으로,
아이들이 초등 학습에 쉽고 재미있게 접근할 수 있도록 구성하였습니다.

🧩 재미있다!

교과서는 물론 생활 속에서 쉽게 접할 수 있는 다양한 소재와
재미있는 게임 형식의 문제로 흥미로운 학습이 가능합니다.

📖 똑똑하다!

초등학생에게 꼭 필요한 학습 지식 습득은 물론
창의력 확장까지 가능한 교재로 올바른 공부습관을 가지는 데 도움을 줍니다.

정답 및 해설

똑똑한
하루
사고력

초등
수학 **2A**
2학년 수준

천재교육

정답 및 해설
포인트 3가지

▶ 한눈에 알아볼 수 있는 정답 제시

▶ 혼자서도 이해할 수 있는 문제 풀이

▶ 꼭 필요한 사고력 유형 풀이 제시

똑 똑 한

하루
사고력

창의·코딩 수학

정답 및 해설

초등
수학 **2** **A**
2학년 수준

1주

이번 주에는 무엇을 공부할까? ❷　　6쪽~7쪽

1-1 200, 이백　　　　**1**-2 100, 백

2-1 1, 3, 4　　　　**2**-2 (1) 536　(2) 840

3-1 550, 650, 850　**3**-2 185, 195, 205

4-1 <

4-2 (1) <　(2) >　(3) <　(4) <

4-1 백 모형의 수가 같으므로 십 모형의 수를 비교하면
2<3입니다.
따라서 227보다 233이 더 큽니다.

1일 　개념·원리 길잡이　　8쪽~9쪽

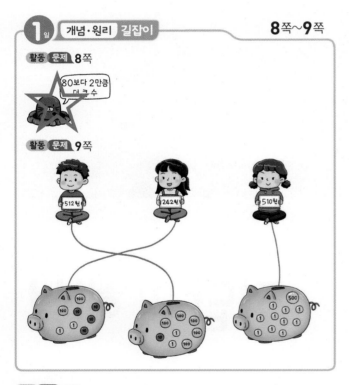

활동 문제 8쪽
80보다 2만큼 더 큰 수는 82입니다.

활동 문제 9쪽
• 100원짜리 동전 2개, 10원짜리 동전 4개, 1원짜리 동
전 2개는 242원입니다.
• 100원짜리 동전 5개, 10원짜리 동전 1개, 1원짜리 동
전 2개는 512원입니다.
• 1원짜리 동전 10개는 10원입니다. 따라서 500원짜리
동전 1개, 1원짜리 동전 10개는 510원입니다.

1일 　서술형 길잡이　독해력 길잡이　　10쪽~11쪽

1-1 20원

1-2 (1) 5개, 10개　(2) 60원　(3) 40원

2-1 600권　　**2**-2 700원　　**2**-3 300개

1-1 100은 80보다 20만큼 더 큰 수이므로 80원에서
20원이 더 있어야 100원이 됩니다.

1-2 (2) 1원짜리 동전 10개는 10원과 같으므로 10원짜리
동전 5개와 1원짜리 동전 10개는 10원짜리 동전
6개와 같습니다. 따라서 60원입니다.
(3) 100은 60보다 40만큼 더 큰 수이므로 60원에서
40원이 더 있어야 100원이 됩니다.

2-1 책을 한 칸에 10권씩 10칸에 꽂으면 책꽂이 1개에
책을 100권 꽂을 수 있습니다.
따라서 책꽂이 6개에는 600권을 꽂을 수 있습니다.

2-2 구하려는 것 주머니 7개에 들어 있는 돈
주어진 조건 주머니 한 개에 10원짜리 동전이 10개씩 들어 있음.
해결 전략 주머니 한 개에 들어 있는 동전의 금액을 구한 후 주머니
7개에 들어 있는 동전의 금액을 구합니다.
10원짜리 동전이 10개이면 100원이므로 주머니
한 개에 들어 있는 돈은 100원입니다.
따라서 주머니 7개에 들어 있는 돈은 700원입니다.

2-3 젤리가 한 봉지에 10개씩 한 상자에 10봉지 들어 있
으므로 한 상자에 들어 있는 젤리는 100개입니다.
따라서 3상자에 들어 있는 젤리는 모두 300개입니다.

1일 　사고력·코딩　　12쪽~13쪽

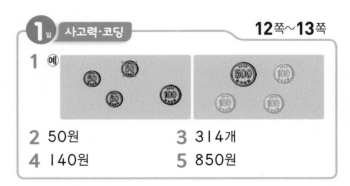

2 50원　　　　**3** 314개

4 140원　　　**5** 850원

1 • 50원짜리 동전 2개는 100원이므로 200원은
100원짜리 동전 1개와 50원짜리 동전 2개와 같
습니다. 따라서 50원짜리 동전 1개를 ×표로 지웁
니다.
• 800원은 500원보다 300원만큼 더 많으므로 동
전을 300원만큼 더 그립니다.

2 100원짜리 동전이 4개, 10원짜리 동전이 5개이므로
은영이가 가진 돈은 450원입니다.
500원이 되려면 10원짜리 동전이 5개 더 있어야 하
므로 50원이 더 있어야 합니다.

3 달걀판 1개에 달걀이 10개씩 들어 있습니다.
달걀판 10개에는 달걀이 100개 들어 있으므로
100개씩 3묶음, 10개씩 1묶음, 낱개 4개와 같습니다.
따라서 달걀은 모두 314개입니다.

4 10원짜리 동전만 세어 보면 14개입니다.
10원짜리 동전 14개는 140원입니다.

5 • 100원짜리 동전: 4개
• (50원짜리 동전 2개)=(100원짜리 동전 1개)
➡ (50원짜리 동전 4개)=(100원짜리 동전 2개)
• (10원짜리 동전 10개)=(100원짜리 동전 1개)
➡ (10원짜리 동전 10개씩 2묶음)
=(100원짜리 동전 2개)
• 흩어져 있는 10원짜리 동전: 5개
따라서 꺼낸 돈은 100원짜리 동전 4+2+2=8(개)와
10원짜리 동전 5개와 금액이 같으므로 850원입니다.

2일 개념·원리 길잡이　　　　　　　**14쪽~15쪽**

활동 문제 14쪽
625, 235, 623에 ×표
활동 문제 15쪽
256

활동 문제 14쪽
네잎클로버에 적힌 수: 7, 3, 9
➡ 만들 수 있는 세 자리 수:
739, 793, 379, 397, 973, 937
활동 문제 15쪽
100이 2개, 10이 5개, 1이 6개이므로 256입니다.

2일 서술형 길잡이　독해력 길잡이　　**16쪽~17쪽**

1-1 4개
1-2 649, 694, 946, 964, 496, 694, 964
1-3 (1) 346, 364, 436, 463, 634, 643
　(2) 346, 364, 436, 634　(3) 4개
2-1 628　　**2-2** 304　　**2-3** 196

1-1 102, 120, 201, 210 ➡ 4개
1-3 (1) 주사위의 눈의 수: 3, 4, 6
➡ 만들 수 있는 세 자리 수:
346, 364, 436, 463, 634, 643
(2) 일의 자리 숫자가 0, 2, 4, 6, 8이면 짝수입니다.

2-1 100은 ●로, 10은 ■로, 1은 ▼로 나타내는 규칙입니
다.
수아가 나타낸 수는 ●가 6개, ■가 2개, ▼가 8개이
므로 628입니다.

2-2 구하려는 것 세호가 나타낸 수
주어진 조건 보기 ➡ ■■■■■▲▲●,
세호가 수를 나타낸 방법: ■■■●●●●
해결 전략 ■, ▲, ●가 각각 얼마를 나타내는지 알아보고 세호가
나타낸 수를 구합니다.
100은 ■로, 10은 ▲로, 1은 ●로 나타내는 규칙입니
다.
■■■●●●●는 ■가 3개, ▲가 0개, ●가 4개이
므로 100이 3개, 10이 0개, 1이 4개인 수입니다.
따라서 세호가 나타낸 수는 304입니다.

2-3 100은 🍄으로, 10은 🍊로, 1은 🍅로 나타내는
규칙입니다.
희정이가 나타낸 수는 🍄이 1개, 🍊이 9개, 🍅가
6개이므로 100이 1개, 10이 9개, 1이 6개인 수입
니다.
따라서 희정이가 나타낸 수는 196입니다.

2일 사고력·코딩　　　　　　　**18쪽~19쪽**

1 302에 색칠
2 143점　　　　**3** 10개
4

인형	100점짜리	10점짜리	1점짜리	점수(점)
	3	0	0	➡ 300
	2	1	0	➡ 210
맞힌	2	0	1	➡ 201
개수(개)	1	2	0	➡ 120
	1	1	1	➡ 111
	1	0	2	➡ 102

└ 표에 쓴 순서에 관계없이 6가지 경우를
모두 바르게 구했으면 정답입니다.

1

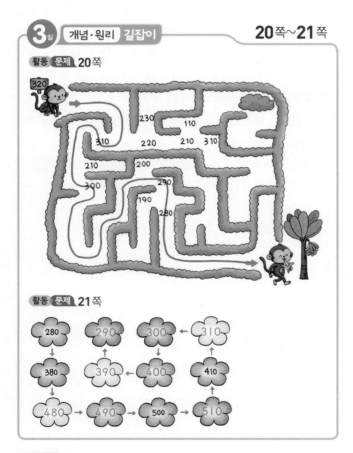

①, ②, ③을 만족하는 집을 각각 표시하면 위 그림과 같습니다. 세 조건을 모두 만족하는 집은 302호입니다.

2 100점이 1개, 10점이 4개, 1점이 3개 ➡ 143점

3 303, 313, 323, 333, 343, 353, 363, 373, 383, 393 ➡ 10개

4 100점짜리, 10점짜리, 1점짜리를 맞힌 개수의 합이 3인 경우를 모두 찾고, 각각의 점수를 구합니다.

3일 개념·원리 길잡이　　　　**20**쪽~**21**쪽

활동 문제 **20**쪽

320
230　110
310　220　210　310
210　200
300　　290
190
280

활동 문제 **21**쪽

280 → 290 → 300 ← 310
↓　　↓　　↓　　↑
380 → 390 ← 400　410
↓　　　　　↑
480 → 490 → 500 → 510

활동 문제 **21**쪽

· 10만큼 뛰어서 세면 십의 자리 수가 1만큼 커집니다.
· 100만큼 뛰어서 세면 백의 자리 수가 1만큼 커집니다.
· 10만큼 거꾸로 뛰어서 세면 십의 자리 수가 1만큼 작아집니다.
· 100만큼 거꾸로 뛰어서 세면 백의 자리 수가 1만큼 작아집니다.

3일 서술형 길잡이　독해력 길잡이　　**22**쪽~**23**쪽

1-1 670

1-2 4, 431, 430, 429, 428, 428

1-3 (1) 5번　(2) 830, 820, 810, 800, 790
　　　(3) 790

2-1 355, 365, 375, 385

2-2 (1) 5씩　(2) 655, 660, 665

1-1 700에서 10씩 거꾸로 3번 뛰어서 세면
　　700−690−680−670입니다.
　　　　　1번　　2번　　3번
　　따라서 어떤 수는 670입니다.

1-3 (1) 어떤 수에서 10씩 5번 뛰어서 센 수가 840이므로 어떤 수는 840에서 10씩 거꾸로 5번 뛰어서 센 수입니다.
　　(2) 10씩 거꾸로 뛰어서 세면 십의 자리 수가 1씩 작아집니다.

2-1 색칠한 부분에 있는 수들을 차례로 쓰면
　　104−114−124−134−144로 10씩 뛰어서 세는 규칙입니다. 따라서 345부터 10씩 뛰어서 세면 345−355−365−375−385입니다.

2-2 구하려는 것 색칠한 부분에 있는 수들과 같은 규칙으로 650부터 차례로 쓴 수 4개
　　주어진 조건 수 배열표, 색칠한 부분에 있는 수
　　해결 전략 색칠한 부분에 있는 수들은 몇씩 뛰어서 세는 규칙이 있는지 알아본 후 650부터 같은 규칙으로 뛰어서 센 수를 4개 씁니다.
　　(1) 색칠한 부분에 있는 수들을 차례로 쓰면
　　　235−240−245−250−255로 5씩 뛰어서 세는 규칙입니다.
　　(2) 650부터 5씩 뛰어서 세면
　　　650−655−660−665입니다.

3일 사고력·코딩　　　　**24**쪽~**25**쪽

1

964　954　944
864　764　654
874　664　564　464　364
454　264

2 537

3 (1) 1, 1, 10, 10

(2)
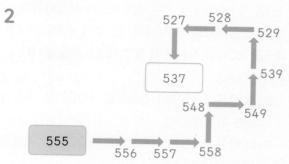

	533				567	
542	**543**	544	576	**577**	578
	553				587	

1 100씩 거꾸로 뛰어서 세면 백의 자리 수가 1씩 작아집니다.

2

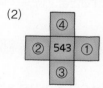

```
                527 ← 528
                         ← 529
         537              ↑ 539
              548 →      
                    549
555 →  556  557  558 ↑
```

3 (1) →: 일의 자리 수가 1씩 커지므로 1씩 뛰어서 세는 규칙입니다.

←: 일의 자리 수가 1씩 작아지므로 1씩 거꾸로 뛰어서 세는 규칙입니다.

↓: 십의 자리 수가 1씩 커지므로 10씩 뛰어서 세는 규칙입니다.

↑: 십의 자리 수가 1씩 작아지므로 10씩 거꾸로 뛰어서 세는 규칙입니다.

(2)

① 543에서 1만큼 뛰어서 센 수: 544

② 543에서 1만큼 거꾸로 뛰어서 센 수: 542

③ 543에서 10만큼 뛰어서 센 수: 553

④ 543에서 10만큼 거꾸로 뛰어서 센 수: 533

⑤ 577에서 1만큼 뛰어서 센 수: 578

⑥ 577에서 1만큼 거꾸로 뛰어서 센 수: 576

⑦ 577에서 10만큼 뛰어서 센 수: 587

⑧ 577에서 10만큼 거꾸로 뛰어서 센 수: 567

4일 개념·원리 길잡이   **26**쪽~**27**쪽

활동 문제 **26**쪽

활동 문제 **27**쪽

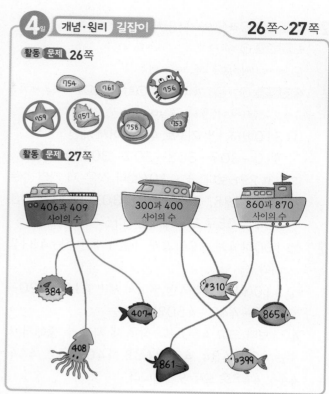

4일 서술형 길잡이 독해력 길잡이   **28**쪽~**29**쪽

1-1 3개

1-2 210, 211, 212, 213, 214, 215, 216, 7

1-3 (1) 497, 498, 499, 500, 501, 502, 503

(2) 7개

2-1 9개

2-2 (1) 296, 306

(2) 297, 298, 299, 300, 301, 302, 303, 304, 305

(3) 9개

2-3 9개

1-1 ☐ 안에 들어갈 수 있는 수는 740, 741, 742로 모두 3개입니다.

1-2 209부터 217까지의 수를 순서대로 써 봅니다.

209–210–211–212–213–214–215–216–217
└─ 209와 217 사이의 수(7개) ─┘

2-1 ㉠ 100이 6개, 10이 9개인 수는 690입니다.

㉡ 300에서 100씩 4번 뛰어서 세면 300–400–500–600–700입니다.

→ 690보다 크고 700보다 작은 수는 691, 692, 693, 694, 695, 696, 697, 698, 699로 모두 9개입니다.

2-2 〔구하려는 것〕 ⊙과 ⓒ 사이에 있는 세 자리 수의 개수

〔주어진 조건〕 ⊙ 100이 12개, 10이 9개, 1이 6개인 수,

ⓒ 310에서 1씩 거꾸로 4번 뛰어서 센 수

〔해결 전략〕 ⊙과 ⓒ을 각각 구한 후 ⊙보다 크고 ⓒ보다 작은 세 자리

수를 모두 구하여 개수를 세어 봅니다.

(1) 310에서 1씩 거꾸로 4번 뛰어서 세면

310-309-308-307-306입니다.

(2), (3) 296보다 크고 306보다 작은 세 자리 수는

297, 298, 299, 300, 301, 302, 303,

304, 305로 모두 9개입니다.

2-3 ⊙ 100이 4개, 10이 3개, 1인 1개인 수는 431입

니다.

ⓒ 410에서 10씩 4번 뛰어서 세면 410-420-

430-440-450입니다.

431보다 크고 450보다 작은 세 자리 수 중에서 짝

수는 432, 434, 436, 438, 440, 442, 444,

446, 448로 모두 9개입니다.

---

④일 〔사고력·코딩〕 **30쪽~31쪽**

1 908, 909, 910, 911

2 532

3 203, 212, 221, 230

4

195	419	101	468	166	274	261	147	999
369	102	684	703	524	200	450	712	733
210	639	540	565	508	710	390	400	800
282	304	471	470	505	444	189	278	199

5 (1) 500 (2) 675

1 ・898<□<912에서 □ 안에 들어갈 수 있는 세

자리 수: 899, 900, 901 …… 910, 911

・907<□<930에서 □ 안에 들어갈 수 있는 세

자리 수: 908, 909, 910 …… 928, 929

➡ □ 안에 공통으로 들어갈 수 있는 세 자리 수는

908, 909, 910, 911입니다.

2 수 카드 2, 5, 3 을 한 번씩만 사용하여 만들 수

있는 세 자리 수는 253, 235, 523, 532, 325,

352입니다. 이 중에서 530보다 크고 600보다 작

은 수는 532입니다.

3 200보다 크고 300보다 작은 세 자리 수이므로 백의

자리 숫자는 2입니다. ➡ 2□□

두 수의 합이 3이 되는 경우는 (0, 3), (1, 2), (2, 1),

(3, 0)이므로 조건을 모두 만족하는 세 자리 수는

203, 212, 221, 230입니다.

4 ・470<■<507이므로 470보다 크고 507보다

작은 수인 471, 505가 적힌 칸을 회색으로 색칠

합니다.

・507<■<711이므로 507보다 크고 711보다

작은 수인 684, 703, 524, 639, 540, 565,

508, 710이 적힌 칸을 하늘색으로 색칠합니다.

・711<■이므로 711보다 큰 수인 999, 712,

733, 800이 적힌 칸을 빨간색으로 색칠합니다.

5 (1) 300(시작)

➡ 300은 465보다 작으므로 100만큼 뛰어서

세면 400입니다.

➡ 400은 465보다 작으므로 100만큼 뛰어서

세면 500입니다.

➡ 500은 465보다 큽니다.

➡ 500은 680보다 작습니다.

➡ 500(끝)

(2) 715(시작)

➡ 715는 465보다 큽니다.

➡ 715는 680보다 크므로 10만큼 거꾸로 뛰어서

세면 705입니다.

➡ 705는 680보다 크므로 10만큼 거꾸로 뛰어서

세면 695입니다.

➡ 695는 680보다 크므로 10만큼 거꾸로 뛰어서

세면 685입니다.

➡ 685는 680보다 크므로 10만큼 거꾸로 뛰어서

세면 675입니다.

➡ 675는 680보다 작습니다.

➡ 675(끝)

---

⑤일 〔개념·원리〕 길잡이 **32쪽~33쪽**

〔활동〕 문제 **32쪽**

(위에서부터) 0, 9, 0, 9

〔활동〕 문제 **33쪽**

❶ 복숭아에 ○표   ❷ 양파에 ○표

❸ 농구공에 ○표   ❹ 유리잔에 ○표

활동 문제 32쪽

- 461>46☐에서 백의 자리, 십의 자리 수가 각각 같으므로 일의 자리 수를 비교하면 1>☐입니다. ➡ ☐=0
- 865<☐38에서 백의 자리 수를 비교하면 8<☐이고, 십의 자리 수를 비교하면 6>3이므로 ☐ 안에 8보다 큰 수가 들어가야 합니다. ➡ ☐=9
- 2☐7<217에서 백의 자리 수가 같으므로 십의 자리 수를 비교하면 ☐<1이고, 일의 자리 수가 같으므로 ☐ 안에 1보다 작은 수가 들어가야 합니다. ➡ ☐=0
- 7☐0>786에서 백의 자리 수가 같으므로 십의 자리 수를 비교하면 ☐>8이고, 일의 자리 수를 비교하면 0<8이므로 ☐ 안에 8보다 큰 수가 들어가야 합니다. ➡ ☐=9

활동 문제 33쪽

❶ 54☐와 57☐의 백의 자리 수가 같으므로 십의 자리 수를 비교하면 4<7입니다. 따라서 복숭아가 더 무겁습니다.

❷ 68☐와 49☐의 백의 자리 수를 비교하면 6>4이므로 양파가 더 무겁습니다.

❸ 56☐와 43☐의 백의 자리 수를 비교하면 5>4이므로 농구공이 더 무겁습니다.

❹ 23☐와 30☐의 백의 자리 수를 비교하면 2<3이므로 유리잔이 더 무겁습니다.

5일 서술형 길잡이 독해력 길잡이   34쪽~35쪽

1-1 3개
1-2 1, 6, 5, 0, 1, 2, 3, 4, 5, 6
1-3 (1) 0, 1, 2, 3, 4, 5   (2) 6개
2-1 재원   2-2 서윤   2-3 지석

1-1 백의 자리 수가 같으므로 십의 자리 수를 비교하면 6<☐입니다.
일의 자리 수가 같으므로 ☐ 안에 6보다 큰 수가 들어가야 합니다.
따라서 ☐ 안에 들어갈 수 있는 숫자는 7, 8, 9로 모두 3개입니다.

1-3 백의 자리 수가 같으므로 십의 자리 수를 비교하면 ☐<5입니다.
일의 자리 수를 비교하면 0<9이므로 ☐ 안에 5를 넣어도 식이 성립합니다.
따라서 ☐ 안에 들어갈 수 있는 숫자는 0, 1, 2, 3, 4, 5입니다. ➡ 6개

2-1 구슬 수의 백의 자리 수를 비교하면 2<3이므로 30☐가 가장 큽니다.
따라서 구슬을 가장 많이 가지고 있는 친구는 재원입니다.

2-2 **구하려는 것** 훌라후프를 가장 적게 돌린 친구
주어진 조건 세 친구가 훌라후프를 돌린 횟수
해결 전략 세 친구가 훌라후프를 돌린 횟수를 백의 자리, 십의 자리, 일의 자리 순서대로 비교해 봅니다.
백의 자리 수를 비교하면 3<4이므로 훌라후프를 가장 많이 돌린 친구는 은규입니다.
37☐와 32☐의 십의 자리 수를 비교하면 7>2이므로 37☐>32☐입니다.
따라서 훌라후프를 가장 적게 돌린 친구는 서윤입니다.

2-3 백의 자리 수를 비교하면 1<2이므로 지석이와 진호가 읽고 있는 책이 정현이와 은주가 읽고 있는 책보다 더 두껍습니다.
24☐와 22☐의 십의 자리 수를 비교하면 4>2이므로 24☐>22☐입니다.
따라서 가장 두꺼운 책을 읽고 있는 친구는 지석입니다.

5일 사고력·코딩   36쪽~37쪽

1 5

2

수	299<34☐<364<368<4☐6<624<644<7☐0
글자	브 · 라 · 키 · 오 · 사 · 우 · 루 · 스

3 0, 9   4 혜진

5

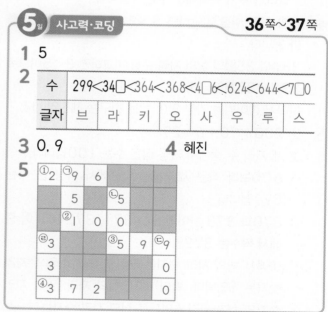

1 얼룩진 부분에 들어갈 수를 ☐라 하면 ☐56>555입니다.
백의 자리 수를 비교하면 ☐>5이고, 십의 자리 수는 같으므로 일의 자리 수를 비교하면 6>5입니다.
따라서 ☐ 안에 5를 넣어도 식이 성립하므로 ☐ 안에 들어갈 수 있는 수는 5, 6, 7, 8, 9이고, 이 중에서 가장 작은 수는 5입니다.

2 백의 자리 수를 비교하면 2<3<4<6<7이므로 가장 작은 수는 299이고, 가장 큰 수는 7□0입니다.

백의 자리 수가 3인 세 수의 십의 자리, 일의 자리 수를 차례로 비교해 보면 34□<364<368입니다.

백의 자리 수가 6인 두 수의 십의 자리 수를 비교하면 624<644입니다.

➡ 299<34□<364<368<4□6<624
　　　브　　라　　키　　오　　사　　우
　　<644<7□0
　　　루　　스

3 • 9♥9<91♥에서 백의 자리 수가 같으므로 십의 자리 수를 비교하면 ♥<1입니다.

♥=0이면 909<910이므로 식이 성립합니다.

♥=1이면 919>911이므로 식이 성립하지 않습니다.

따라서 ♥가 나타내는 수는 0입니다.

• ♣50>87♣에서 백의 자리 수를 비교하면 ♣>8입니다.

십의 자리 수를 비교하면 5<7이므로 ♣에 8은 들어갈 수 없습니다.

따라서 ♣가 나타내는 수는 9입니다.

4 백의 자리 수를 비교하면 3>2>1로 33■와 35■가 큽니다.

33■와 35■의 십의 자리 수를 비교하면 3<5이므로 33■<35■입니다.

따라서 종이별을 가장 많이 접은 친구는 혜진입니다.

5 ① 200+90+6=296

② 세 자리 수 중에서 가장 작은 수는 100입니다.

③ 600보다 작은 세 자리 수 중에서 가장 큰 수는 599입니다.

④ 370과 373 사이의 수는 371, 372이고, 이 중에서 짝수는 372입니다.

㉠ ①에서 백의 자리 숫자는 9이고 ②에서 일의 자리 숫자는 1입니다. 백의 자리, 십의 자리, 일의 자리 숫자의 차가 각각 4이므로 십의 자리 숫자는 9-4=5, 5-4=1에서 5입니다. ➡ 951

㉡ ②에서 십의 자리 숫자는 0입니다. 백의 자리 숫자와 일의 자리 숫자의 합이 10, 차가 0이므로 백의 자리 숫자와 일의 자리 숫자는 각각 5입니다.
➡ 505

㉢ 10이 90개인 수는 900입니다.

㉣ 각 자리 숫자가 모두 3인 세 자리 수는 333입니다.

1
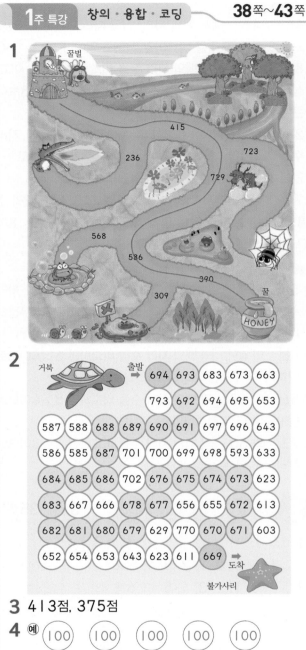

2

3 413점, 375점

4 예 (100) (100) (100) (100) (100)
　　(50) (50) (50) (50)

5 8개

6 ❶ 312, 삼백십이

❷ (위에서부터) 2, 5 ; 200, 20, 5

❸ ???? ∩∩∩∩∩∩∩∩∩∩∩|||||

7 ❶ 661원, 610원, 730원, 702원

❷ 민혁, 영진, 혜경, 수진

8 ❶ 1 ❷ 0 ❸ 2 ❹ 250번, 193번, 192번

1 236<415 ➡ 723<729 ➡ 568<586
➡ 309<390

3
- 청팀: 100이 4개, 10이 1개, 1이 3개이므로
413점입니다.
- 백팀: 100이 3개, 10이 7개, 1이 5개이므로
375점입니다.

4
- 100원짜리 동전 5개, 50원짜리 동전 4개이면
700원입니다.
- 500원짜리 동전 1개, 50원짜리 동전 3개, 10원
짜리 동전 5개이면 700원입니다.

5 합이 10보다 작은 카드 3장을 짝 지어 보면
(⓪, ①, ④), (⓪, ①, ⑦)입니다.
각각의 경우에서 만들 수 있는 세 자리 수를 구하면
(104, 140, 401, 410), (107, 170, 701, 710)
으로 모두 8개입니다.

6 ❶ ♀(100)이 3개, ∩(10)이 1개, |(1)이 2개이므
로 312이고, 삼백십이라고 읽습니다.

❷ ♀♀∩∩|||||는 225를 나타냅니다.

❸ 487은 100이 4개, 10이 8개, 1이 7개인 수
이므로 ♀을 4개, ∩을 8개, |을 7개 그려서 나
타냅니다.

7 ❶
- 혜경: 500원짜리 동전 1개, 100원짜리 동전
1개, 50원짜리 동전 1개, 10원짜리 동전
1개, 1원짜리 동전 1개 ➜ 661원
- 수진: 100원짜리 동전 5개, 50원짜리 동전 2개,
10원짜리 동전 1개 ➜ 610원
- 민혁: 500원짜리 동전 1개, 100원짜리 동전
2개, 10원짜리 동전 3개 ➜ 730원
- 영진: 100원짜리 동전 6개, 50원짜리 동전 2개,
1원짜리 동전 2개 ➜ 702원

❷ 730 > 702 > 661 > 610
　　민혁　영진　혜경　수진

8 ❶ 선화는 창민이보다 줄넘기를 적게 넘었으므로
25■ > ●93입니다.
백의 자리 수를 비교하면 2 > ●이고 십의 자리 수를 비
교하면 5 < 9이므로 ●에는 2가 들어갈 수 없습니다.
또한 ●는 백의 자리이므로 0이 들어갈 수 없습니다.
따라서 ● 안에 알맞은 숫자는 1입니다.

❷ 창민이는 지인이보다 줄넘기를 적게 넘었으므로
252 > 25■입니다. 따라서 ■에는 0 또는 1이
들어갈 수 있지만 ●=1이므로 ■ 안에 알맞은 숫
자는 0입니다.

❸ 민영이는 선화보다 줄넘기를 적게 넘었으므로
193 > 19★입니다.
★에는 0, 1, 2가 들어갈 수 있지만 ●=1, ■=0
이므로 ★ 안에 알맞은 숫자는 2입니다.

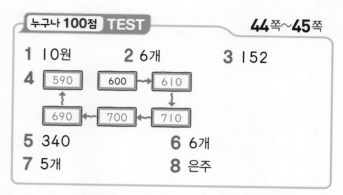

누구나 **100**점 TEST　　　44쪽~45쪽

1 10원　　**2** 6개　　**3** 152

4 590 ← 600 → 610
590↑　　　　　　↓610
690 ← 700 ← 710

5 340　　　　**6** 6개

7 5개　　　　**8** 은주

1 세호가 가진 돈은 10원짜리 동전이 9개이므로 90원
입니다.
100은 90보다 10만큼 더 큰 수이므로 세호가 가진
돈이 100원이 되려면 10원이 더 있어야 합니다.

2 278, 287, 728, 782, 827, 872 ➜ 6개

3 100은 ■로, 10은 ▲로, 1은 ●로 나타내는 규칙입니
다.
따라서 ■가 1개, ▲가 5개, ●가 2개이면 152입니다.

4 600에서 10만큼 뛰어서 세면 610입니다.
➜ 610에서 100만큼 뛰어서 세면 710입니다.
➜ 710에서 10만큼 거꾸로 뛰어서 세면 700입니다.
➜ 700에서 10만큼 거꾸로 뛰어서 세면 690입니다.
➜ 690에서 100만큼 거꾸로 뛰어서 세면 590입니다.

5 어떤 수는 370에서 10씩 거꾸로 3번 뛰어서 센 수
입니다.
370 - 360 - 350 - 340이므로 어떤 수는 340
입니다.

6 208보다 크고 215보다 작은 세 자리 수는 209,
210, 211, 212, 213, 214로 모두 6개입니다.

7 백의 자리 수가 같으므로 십의 자리 수를 비교하면
4 < ★입니다. 일의 자리 수를 비교하면 6 > 4이므로
★ 안에 4는 들어갈 수 없습니다.
따라서 ★ 안에 들어갈 수 있는 숫자는 5, 6, 7, 8, 9
로 모두 5개입니다.

8 백의 자리 수를 비교하면 1 < 2이므로 2□2가 가장
큰 수입니다.
따라서 종이학을 가장 많이 접은 친구는 은주입니다.

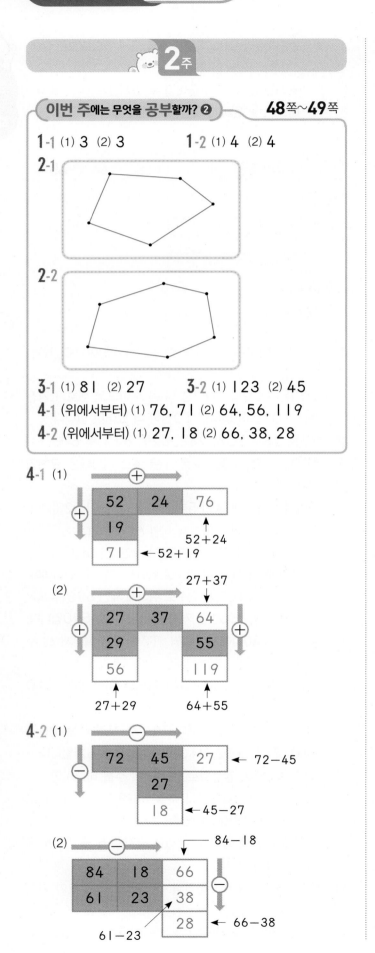

2주

이번 주에는 무엇을 공부할까? ❷　**48쪽~49쪽**

1-1 (1) 3 (2) 3 　　　**1**-2 (1) 4 (2) 4

2-1

2-2

3-1 (1) 81 (2) 27 　　**3**-2 (1) 123 (2) 45

4-1 (위에서부터) (1) 76, 71 (2) 64, 56, 119

4-2 (위에서부터) (1) 27, 18 (2) 66, 38, 28

4-1 (1)

52	24	76
19		
71		

52+24
71 ← 52+19

(2)

27+37

27	37	64
29		55
56		119

27+29 　　64+55

4-2 (1)

72	45	27	← 72−45
	27		
	18	← 45−27	

(2)

84−18

84	18	66
61	23	38
		28	← 66−38

61−23

1일 개념·원리 길잡이　　**50쪽~51쪽**

활동 문제 50쪽

; 4

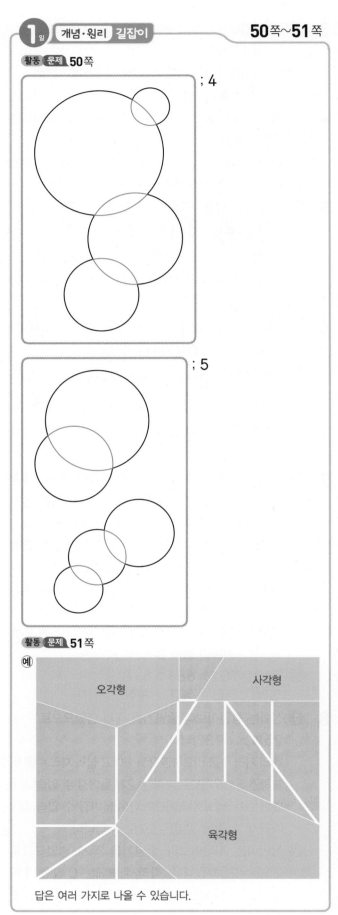

; 5

활동 문제 51쪽

예

오각형　　사각형

육각형

답은 여러 가지로 나올 수 있습니다.

1일 서술형 길잡이 독해력 길잡이　　**52**쪽~**53**쪽

1-1 ⑴ ○ ⑵ ✕

1-2 ⑴ 6, 6 ⑵ 없습니다에 ○표

1-3

잘못된 것의 기호	바르게 고치기
㉠	⑩ 꼭짓점이 5개 있습니다.
㉢	⑩ 삼각형보다 변이 2개 더 많습니다. (또는 사각형보다 변이 1개 더 많습니다.

2-1 삼각형　　**2**-2 (○)(　)(　)

2-3 지민

1-1 ⑵ 사각형의 꼭짓점의 수는 4개, 육각형의 꼭짓점의 수는 6개입니다.

1-2 육각형은 변이 6개, 꼭짓점이 6개이고, 둥근 부분이 없습니다.

┌ 참고 ┐
삼각형, 사각형, 오각형, 육각형은 모두 둥근 부분이 없습니다.
원은 곧은 부분이 없고 둥근 부분만 있습니다.

1-3 오각형은 곧은 선으로 둘러싸여 있고 변과 꼭짓점이 5개씩 있습니다.

2-1 은주가 그린 도형은 원이므로 민정이와 은주가 그리지 않은 도형은 삼각형입니다. 따라서 희준이가 그린 도형은 삼각형입니다.

2-2 구하려는 것 세 사람 중에서 지선이 찾기

주어진 조건 세 사람이 서로 다른 도형이 그려진 옷을 입음.

현아는 육각형이 그려진 옷을 입지 않음.

미주는 꼭짓점이 3개인 도형이 그려진 옷을 입음.

해결 전략 미주가 입은 옷의 도형이 무엇인지 찾고, 육각형이 그려진 옷을 입은 사람은 누구인지 알아봅니다.

현아는 육각형이 그려진 옷을 입지 않았으므로 미주 또는 지선이가 육각형이 그려진 옷을 입었습니다.

미주는 꼭짓점이 3개인 도형이 그려진 옷을 입었으므로 삼각형이 그려진 옷을 입었습니다.

따라서 지선이는 육각형이 그려진 옷을 입었습니다.

2-3 준호가 그린 도형은 변이 3개, 꼭짓점이 3개이므로 삼각형입니다.

윤호가 그린 도형은 준호가 그린 도형보다 꼭짓점이 2개 더 많으므로 꼭짓점이 5개인 오각형입니다.

따라서 사각형을 그린 사람은 지민이입니다.

1일 사고력·코딩　　**54**쪽~**55**쪽

1 8개

2 ⑴

⑵

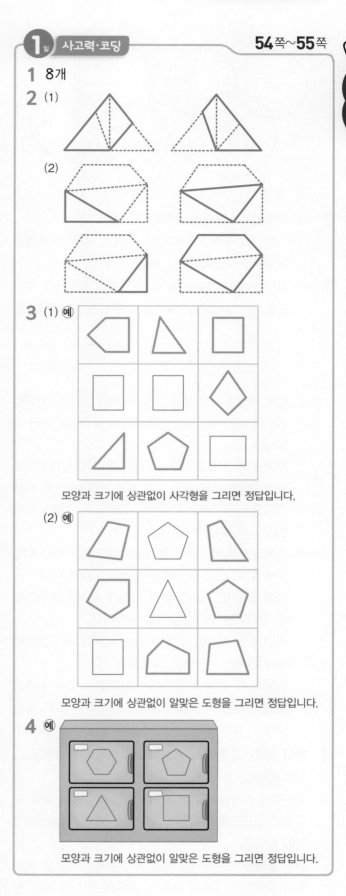

3 ⑴ ⑩

모양과 크기에 상관없이 사각형을 그리면 정답입니다.

⑵ ⑩

모양과 크기에 상관없이 알맞은 도형을 그리면 정답입니다.

4 ⑩

모양과 크기에 상관없이 알맞은 도형을 그리면 정답입니다.

1

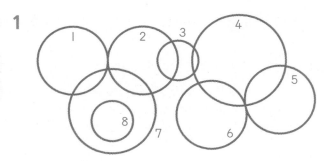

➡ 8개

2 (1) 꼭짓점이 4개인 사각형을 그립니다.

(2) 꼭짓점이 3개인 삼각형을 그리고, 꼭짓점 5개인 오각형을 그립니다.

3 (1) 가장 윗줄에 가로로 놓인 세 도형의 꼭짓점은 각각 5개, 3개, 4개이므로 꼭짓점 수의 합은 12개입니다.

 ➡ 5＋3＋4 ＝12(개)

가장 아랫줄에 가로로 놓인 도형은 삼각형, 오각형이므로 빈칸에는 꼭짓점이 4개인 사각형을 그려 넣습니다.

가장 왼쪽 세로줄의 두 도형은 오각형, 삼각형이므로 빈칸에는 사각형을 그려 넣고, 왼쪽에서 두 번째 세로줄도 삼각형과 오각형이 있으므로 빈칸에 사각형을 그려 넣습니다.

(2) 가장 오른쪽 세로줄의 세 도형의 꼭짓점은 각각 4개, 5개, 4개이므로 꼭짓점 수의 합은 13개입니다.

가장 윗줄에 가로로 놓인 도형은 사각형 2개이므로 빈칸에는 오각형을 그려 넣습니다.

가장 왼쪽 세로줄의 두 도형은 사각형, 오각형이므로 빈칸에는 사각형을 그려 넣습니다.

위에서 두 번째 가로줄에는 오각형이 2개 있으므로 빈칸에는 꼭짓점이 3개인 삼각형을 그려 넣습니다.

4 변이 3개인 도형은 삼각형이므로 왼쪽에 삼각형을 그려야 합니다.

꼭짓점이 5개인 도형은 오각형이고 육각형의 바로 오른쪽에 있으므로 육각형과 오각형은 옆으로 나란히 그려야 합니다.

변이 4개인 도형은 사각형이고 1층에 있으므로 육각형과 오각형은 2층에 그리고, 왼쪽에 있어야 하는 삼각형은 1층 왼쪽에 그리고, 사각형은 1층 오른쪽에 그립니다.

2일 개념·원리 길잡이 56쪽~57쪽

활동 문제 56쪽

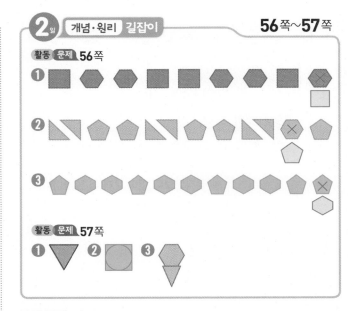

활동 문제 57쪽

활동 문제 56쪽

❶ 사각형, 육각형, 육각형, 사각형이 반복되는 규칙입니다.

❷ 삼각형, 뒤집힌 삼각형, 오각형, 오각형이 반복되는 규칙입니다.

❸ 오각형 1개와 육각형 2개가 반복되는 규칙입니다.

활동 문제 57쪽

❶ 위쪽과 아래쪽이 뒤집히는 규칙입니다.

❷ 안쪽과 바깥쪽 도형이 서로 바뀌는 규칙입니다.

❸ 위와 아래의 도형이 서로 바뀌는 규칙입니다.

2일 서술형 길잡이 독해력 길잡이 58쪽~59쪽

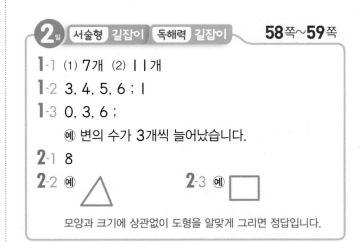

1-1 (1) 7개 (2) 11개

1-2 3, 4, 5, 6 ; 1

1-3 0, 3, 6 ;

예 변의 수가 3개씩 늘어났습니다.

2-1 8

2-2 예 (삼각형) 2-3 예 (사각형)

모양과 크기에 상관없이 도형을 알맞게 그리면 정답입니다.

1-1 (1) 사각형은 변이 4개, 삼각형은 변이 3개입니다.

➡ 4＋3＝7(개)

(2) 오각형은 변이 5개, 육각형은 변이 6개입니다.

➡ 5＋6＝11(개)

1-3 원은 변이 없습니다. 삼각형의 변의 수는 3개, 육각형의 변의 수는 6개입니다.

2-1 두 도형의 꼭짓점의 수의 합 또는 두 도형의 변의 수의 합을 말하는 규칙입니다. 삼각형과 오각형의 변의 수의 합은 8입니다.

2-2 구하려는 것 ⬜ 안에 알맞은 도형

주어진 조건 변의 수의 합의 규칙

해결 전략 ❶ 규칙을 찾아 두 도형의 변의 수의 합 구하기

❷ 육각형의 변의 수 구하기 ➡ 6개

❸ 변의 수의 합에서 6을 뺀 수만큼 변이 있는 도형 그리기

두 도형의 변의 수의 합이 5개, 6개, 7개, 8개이므로 1개씩 늘어나는 규칙입니다. 육각형과 ⬜ 안의 도형의 변의 수의 합이 9개이어야 하므로 ⬜ 안에 변의 수가 3개인 삼각형을 그려 넣습니다.

2-3 두 도형의 꼭짓점의 수의 합이 4개, 6개, ⬜개, 10개이므로 2개씩 늘어나는 규칙입니다. 사각형과 ⬜ 안의 도형의 꼭짓점의 수의 합이 8개이어야 하므로 ⬜ 안에 변의 수가 4개인 사각형을 그려 넣습니다.

2일 사고력·코딩

60쪽~61쪽

1
(원 안에 사각형, 삼각형, 원)

2 (1) (사각형 안에 원) (2) (원 안에 삼각형)

3 (1) (삼각형과 사다리꼴) (2) (원 안에 삼각형)

4 9 ; 예 두 도형의 꼭짓점(또는 변)의 수의 합을 말하는 규칙입니다.

1 바깥의 도형은 가로 한 줄과 세로 한 줄에 삼각형, 사각형, 원이 하나씩 놓여 있습니다.
안쪽의 도형은 원, 삼각형, 사각형이 시계 방향으로 한 칸씩 이동합니다.

2 (1) 안쪽에 있는 원이 시계 방향으로 일정하게 이동합니다. 모양이 4개씩 반복되므로 12번째에 올 모양은 4번째 모양과 같습니다.
(2) 안쪽에 있는 삼각형이 시계 반대 방향으로 일정하게 돕니다.

3 (1) 위와 아래의 도형의 위치가 바뀌고, 아래의 도형만 색칠하는 규칙입니다.
(2) 안쪽과 바깥쪽의 도형이 서로 바뀌는 규칙입니다.

4 육각형과 원의 변의 수의 합은 6개입니다.
오각형과 오각형의 변의 수의 합은 10개입니다.
육각형과 삼각형의 변의 수의 합은 9개입니다.

3일 개념·원리 길잡이

62쪽~63쪽

활동 문제 62쪽

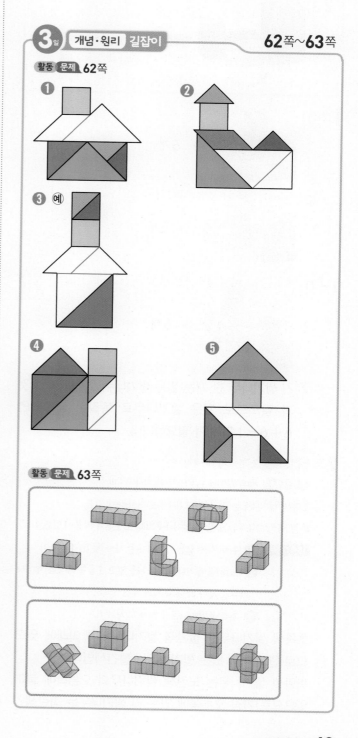

활동 문제 63쪽

3일 서술형 길잡이 독해력 길잡이 **64**쪽~**65**쪽

1-1 (1) 1, 1, 4, 6 (2) 1, 2, 4, 7
1-2 (1) 6 (2) 5
1-3 (1) 6개 (2) 12개
2-1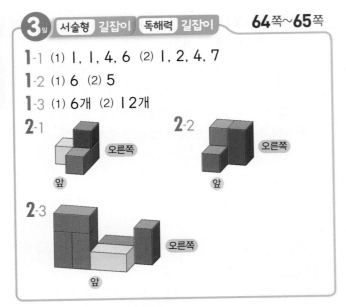
2-2
2-3

니다. 노란색 쌓기나무는 보이지 않습니다. 초록색 쌓기나무는 빨간색보다 아래에 있으므로 아래의 앞쪽에 있는 쌓기나무는 초록색입니다.

2-3 파란색 쌓기나무 바로 앞에 노란색 쌓기나무가 있으므로 앞뒤로 붙어 있는 쌓기나무는 노란색과 파란색입니다. 노란색의 왼쪽에 있는 쌓기나무는 모두 빨간색입니다. 초록색 쌓기나무가 1개 있으므로 가장 오른쪽에 있는 쌓기나무는 초록색입니다.

1-2 (1)
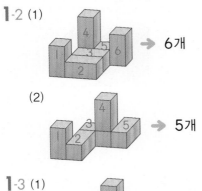
➡ 6개

(2)
➡ 5개

1-3 (1)
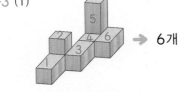
➡ 6개

(2) 긴 쌓기나무 한 개는 짧은 쌓기나무 2개를 붙인 것과 같으므로 짧은 쌓기나무로 똑같이 쌓으려면 6+6=12(개)가 필요합니다.

2-2 구하려는것 조건에 맞게 색칠

주어진조건 짧은 쌓기나무 3개, 긴 쌓기나무 1개,
초록색 쌓기나무는 빨간색 쌓기나무보다 아래에 있음.
파란색 쌓기나무는 노란색 쌓기나무의 바로 오른쪽에 붙어 있음.

해결전략 ❶ 위에 쌓여 있는 쌓기나무를 찾아 빨간색 칠하기
❷ 노란색 쌓기나무의 위치를 알고 오른쪽에 있는 쌓기나무를 찾아 파란색 칠하기
❸ 초록색 쌓기나무를 찾아 색칠하기

초록색 쌓기나무는 빨간색 쌓기나무보다 아래에 있으므로 왼쪽 위에 있는 쌓기나무는 빨간색입니다.
파란색 쌓기나무는 노란색 쌓기나무의 오른쪽에 붙어 있으므로 가장 오른쪽에 있는 긴 쌓기나무는 파란색입

3일 사고력·코딩 **66**쪽~**67**쪽

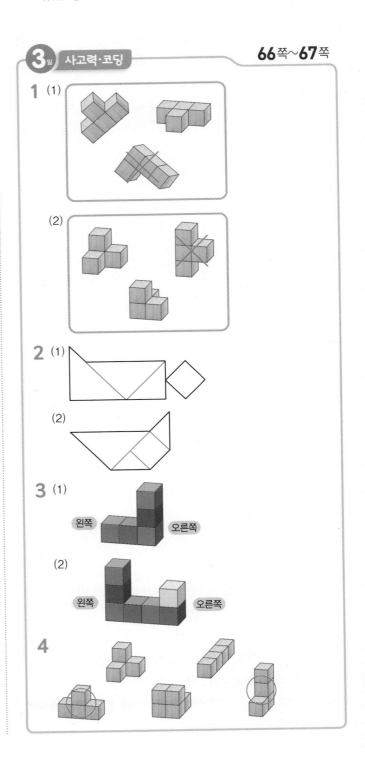

1 (1) 떨어뜨린 모양은 옆으로 나란히 쌓기나무 3개가 있고, 가운데 쌓기나무에 쌓기나무 1개가 붙어 있습니다.

(2) 쌓기나무가 옆으로 나란히 3개가 붙어 있는 모양은 떨어뜨렸을 때 나올 수 없는 모양입니다.

2 큰 조각이 들어갈 곳을 먼저 찾습니다.

3 (1) 1층에는 빨간색, 초록색, 빨간색을 칠합니다. 2층에는 바로 아래층이 빨간색 쌓기나무이므로 파란색을 칠합니다. 2층이 아닌 3층은 빨간색을 칠합니다.

(2) 1층에는 빨간색, 초록색, 빨간색, 초록색을 칠합니다. 2층의 가장 왼쪽에는 바로 아래층이 빨간색 쌓기나무이므로 파란색을 칠합니다. 2층의 가장 오른쪽에는 바로 아래층이 초록색 쌓기나무이므로 노란색을 칠합니다. 3층은 빨간색을 칠합니다.

4

4일 개념·원리 길잡이 **68**쪽~**69**쪽

활동 문제 **68**쪽

41에 ○표 ; 33에 ○표 ;
42에 ○표 ; 53에 ○표

활동 문제 **69**쪽

(왼쪽에서부터) 46, 42, 32, 61

활동 문제 **68**쪽

5만큼 더 큰 수는 오른쪽으로 5번 간 수에, 4만큼 더 큰 수는 오른쪽으로 4번 간 수에 ○표 합니다.

활동 문제 **69**쪽

19보다 27만큼 더 큰 수 ➡ 19+27=46
17보다 25만큼 더 큰 수 ➡ 17+25=42
15보다 17만큼 더 큰 수 ➡ 15+17=32
35보다 26만큼 더 큰 수 ➡ 35+26=61

4일 서술형 길잡이 독해력 길잡이 **70**쪽~**71**쪽

1-1 (1) 70 (2) 101

1-2 (1) 27, 17, 44 (또는 17, 27, 44)

(2) 예 27+44=71
(또는 27+27+17=71) ; 71마리

1-3 (1) 예 24+38(또는 38+24,
24+38=62, 38+24=62)

(2) 예 24+62=86
(또는 24+24+38=86) ; 86마리

2-1 24알

2-2 31마리

2-3 90마리

1-1 (1) 54보다 16만큼 더 큰 수 ➡ 54+16=70

1-2 (2) 집 안에 있는 토끼 수와 집 밖에 있는 토끼 수를 더합니다.

2-1 (큰 물고기가 먹은 먹이의 수)=6+12=18(알),
(두 물고기가 먹은 먹이의 수)=18+6=24(알)

2-2 구하려는 것 곰 두 마리가 먹은 물고기 수

주어진 조건 엄마 곰이 먹은 물고기는 아기 곰이 먹은 물고기보다 3마리 더 많음. 아기 곰이 먹은 물고기는 14마리

해결 전략 엄마 곰이 먹은 물고기 수를 구한 다음 두 곰이 먹은 물고기 수의 합을 구합니다.

(엄마 곰이 먹은 물고기의 수)=14+3=17(마리),
(곰 두 마리가 먹은 물고기의 수)=17+14=31(마리)

2-3 (작은 닭이 먹은 애벌레의 수)=24+13=37(마리),
(큰 닭이 먹은 애벌레의 수)=37+16=53(마리),
(닭 두 마리가 먹은 애벌레의 수)=53+37=90(마리)

4일 사고력·코딩 **72**쪽~**73**쪽

1
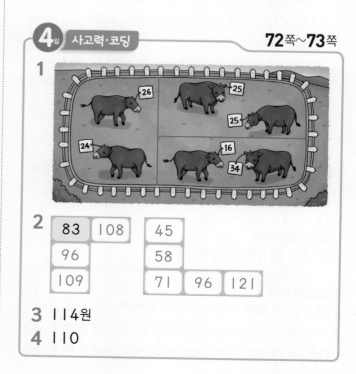

2

83	108		45		
96			58		
109			71	96	121

3 114원

4 110

1 두 수씩 더해 보고 합이 50이면 울타리를 나타내는 선을 긋습니다.

26+24=50, 25+25=50, 16+34=50

2

83	①		④		
②			⑤		
③			⑥	⑦	⑧

① 83+25=108 ② 83+13=96,
③ 96+13=109

오른쪽 ㄴ 모양 ➡ 아래쪽으로 내려가거나 오른쪽으로 가면 수가 커지므로 가장 작은 수를 맨 위에 넣어야 합니다. 남은 수 중에서 가장 작은 수를 찾으면 45이므로 ④에 45를 써넣고 빈 카드의 수를 채웁니다.

⑤ 45+13=58 ⑥ 58+13=71,
⑦ 71+25=96 ⑧ 96+25=121

3

33원	34원	21원	26원	11원
10원	27원	15원	50원	32원
21원	22원	12원	13원	14원
	15원	17원	42원	51원

15+22=37, 37+12=49, 49+15=64,
64+50=114

4 25+46=71 ➡ 71보다 39만큼 더 큰 수는
71+39=110입니다.

5일 개념·원리 길잡이 **74**쪽~**75**쪽

활동 문제 **74**쪽
❶ 48에 ○표 ❷ 26에 ○표 ❸ 35에 ○표

활동 문제 **75**쪽
❶ 76 ❷ 18 ❸ 19 ❹ 19

활동 문제 **74**쪽
❶ 5만큼 더 작은 수는 왼쪽으로 5번 간 수에 ○표 합니다.
❷ 7만큼 더 작은 수는 왼쪽으로 7번 간 수에 ○표 합니다.
❸ 6만큼 더 작은 수는 왼쪽으로 6번 간 수에 ○표 합니다.

활동 문제 **75**쪽
❶ 92보다 16만큼 더 작은 수 ➡ 92−16=76
❷ 46보다 28만큼 더 작은 수 ➡ 46−28=18
❸ 55보다 36만큼 더 작은 수 ➡ 55−36=19
❹ 41보다 22만큼 더 작은 수 ➡ 41−22=19

5일 서술형 길잡이 독해력 길잡이 **76**쪽~**77**쪽

1-1 (1) 18 (2) 28
1-2 (1) 31, 14, 17
　　(2) 예 31+17=48
　　　　(또는 31+31−14=48) ; 48개
1-3 (1) 예 42−15 (또는 42−15=27)
　　(2) 예 42+27=69
　　　　(또는 42+42−15=69) ; 69권

2-1 9가마니
2-2 (1) 36개 (2) 88개
2-3 19도

1-1 (1) 55−37=18 (2) 77−49=28
2-1 (동생이 처음에 가진 쌀 가마니의 수)
　　=33−9=24(가마니),
　　(동생에게 남은 쌀 가마니의 수)
　　=24−15=9(가마니)
2-2 (1) 52−16=36(개),
　　(2) 52+36=88(개)
2-3 구하려는 것 다음 날 아침 기온

주어진 조건 최고 기온 30도, 해가 질 때의 기온은 30도보다 4도 낮고, 다음 날 아침 기온보다 7도 높음.

해결 전략 ❶ 해가 질 때의 기온 구하기
　　❷ 해가 질 때의 기온에서 7을 빼서 다음 날 아침 기온 구하기

(해가 질 때의 기온)=30−4=26(도),
(다음 날 아침 기온)=26−7=19(도)

주의
해가 질 때의 기온이 다음 날 아침 기온보다 7도 높으므로 다음 날 아침 기온을 구할 때에는 해가 질 때의 기온에서 7도를 빼야 합니다.

5일 사고력·코딩 78쪽~79쪽

1 (1) (위에서부터) 29, 24, 77, 48, 7
　　(2) (위에서부터) 77, 58, 25, 43, 41

2 (1) 15, 17　(2) 24, 25

3 41세, 9세, 4세

4 52장

---

1 (1) $93-16=77$, $77-29=48$,
　　$48-19=29$, $29-5=24$, $24-17=7$
　(2) $94-17=77$, $77-19=58$,
　　$58-15=43$, $43-2=41$, $41-16=25$

2 (1) $12+3=15$, $12-3=9$ ➡ 9는 두 자리 수
　　가 아니므로 왼쪽의 수는 15입니다.
　　$12+5=17$, $12-5=7$ ➡ 7은 두 자리 수
　　가 아니므로 오른쪽의 수는 17입니다.
　(2) $16-8=8$, $16+8=24$ ➡ 8은 두 자리 수
　　가 아니므로 왼쪽의 수는 24입니다.
　　$16-9=7$, $16+9=25$ ➡ 7은 두 자리 수
　　가 아니므로 오른쪽의 수는 25입니다.

3 (지수 아버지의 나이)$=70-29=41$(세),
　(지수의 나이)$=41-32=9$(세),
　(지수 동생의 나이)$=9-5=4$(세)

4 (우유 식빵 한 봉지에 들어 있는 식빵의 수)
　$=75-16=59$(장),
　(지안이가 먹고 남은 우유 식빵의 수)
　$=59-7=52$(장)

2주 특강 창의·융합·코딩 80쪽~85쪽

1

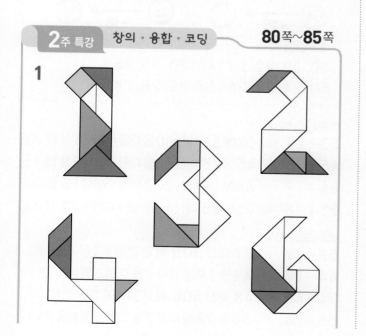

2

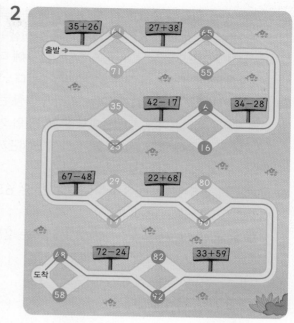

3 ❶ 3, 4, 5, 6　❷ 1, 2, 7, 8　❸ 사각형

4 ❶ 82, 49, 33　❷ 25, 45, 70

5 ❶

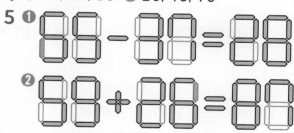

❷

6 ❶ 47, 65, 20 ; (　　)(○)(　　)
　❷ 45, 63, 8 ; (　　)(○)(　　)

7 91개

8 ❶

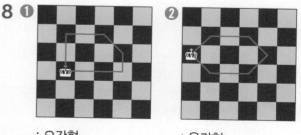

❷

; 오각형　　　　　　　; 육각형

❸

❹

; 삼각형　　　　　　　; 사각형

4 ❶ 남학생 수와 여학생 수를 더한 수가 졸업생 수이므로 졸업하는 학생 수에 82를 써넣습니다. 남학생이 여학생보다 많으므로 남은 수 중에서 남학생 수에 더 큰 49를, 여학생 수에 더 작은 33을 써넣습니다.

❷ 집에서 도서관을 거쳐 병원에 가는 거리에 가장 큰 수인 70을 써넣습니다. 도서관에서 병원까지의 거리에 남은 수 중에서 더 큰 45를, 집에서 도서관까지의 거리에 더 작은 25를 써넣습니다.

5 ❶ 현재의 식: 55−37=28 ➡ 37+28은 65이므로 55를 65로 고칩니다.

❷ 현재의 식: 59+26=87 ➡ 87−59는 28이므로 26을 28로 고칩니다.

7 동도, 서도와 주변의 작은 섬 89개이므로
모두 2+89=91(개)입니다.

누구나 100점 TEST　　　　**86쪽~87쪽**

1 6개　　　　　　　**2** ㉠, ㉢
3 6개　　　　　　　**4** 40개
5 (위에서부터) 5, 63, 77, 91, 69, 47
6 88−86=88
7

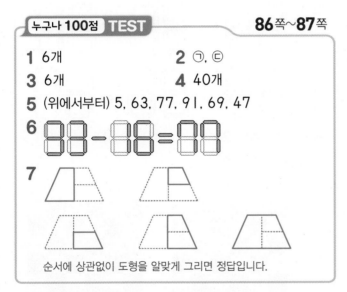

순서에 상관없이 도형을 알맞게 그리면 정답입니다.

2 오각형은 변과 꼭짓점이 각각 5개 있습니다.
사각형의 변의 수는 4개이므로 오각형이 사각형보다 변의 수가 더 많습니다.

4 소시지빵은 24−8=16(개) 있습니다.
➡ 24+16=40(개)

5 27의 오른쪽 ➡ 27−22=5
49의 아래쪽 ➡ 49+14=63
63+14=77, 77+14=91, 91−22=69,
69−22=47

6 현재의 식: 33−16=77
➡ 77+16=93이므로 33을 93으로 고칩니다.

3주

이번 주에는 무엇을 공부할까? ❷　　　**90쪽~91쪽**

1-1 19, 19　　　　　**1-2** 18, 18
2-1 (1) (계산 순서대로) 73, 39, 39　(2) 48
2-2 (1) (계산 순서대로) 39, 53, 53　(2) 87
3-1 3번　　　　　　**3-2** 4번
4-1 (1) 5 cm　(2) 3 cm　**4-2** (1) 4 cm　(2) 5 cm

1-1 24+☐=43 ➡ 43−24=☐, ☐=19
1-2 62−☐=44 ➡ 62−44=☐, ☐=18

1일　개념·원리 길잡이　　　**92쪽~93쪽**

활동 문제 92쪽

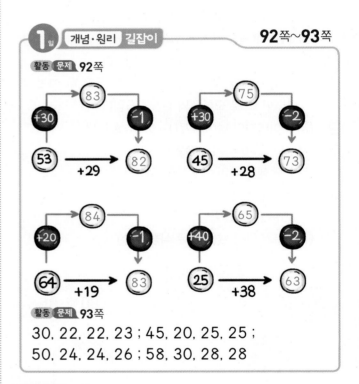

활동 문제 93쪽

30, 22, 22, 23 ; 45, 20, 25, 25 ;
50, 24, 24, 26 ; 58, 30, 28, 28

활동 문제 92쪽

53+29 ➡ 53에 29 대신 30을 더한 수에서 1을 뺍니다.
45+28 ➡ 45에 28 대신 30을 더한 수에서 2를 뺍니다.
64+19 ➡ 64에 19 대신 20을 더한 수에서 1을 뺍니다.
25+38 ➡ 25에 38 대신 40을 더한 수에서 2를 뺍니다.

활동 문제 93쪽

52−29 ➡ 29 대신 30을 빼고 결과에 1을 더합니다.
44−19 ➡ 44와 19에 각각 1을 더하고 뺄셈을 합니다.
74−48 ➡ 48 대신 50을 빼고 결과에 2을 더합니다.
56−28 ➡ 56과 28에 각각 2를 더하고 뺄셈을 합니다.

1일 서술형 길잡이 · 독해력 길잡이 **94**쪽~**95**쪽

1-1 (1) 48, 48, 47 (2) 24, 24, 25

1-2 (1)

$$55+28$$
$$\rightarrow 55+30=85,\ 85\cancel{+}2=\cancel{87}\,83$$
$$55+28=\cancel{87}\,83$$

(2)

$$63-29$$
$$\rightarrow 63-30=33,\ 33\cancel{-}1=\cancel{32}\,34$$
$$63-29=\cancel{32}\,34$$

1-3 예 $71-50=21,\ 21+1=22$

2-1 1, 84

2-2 2개, 63개

1-2 (1) 28 대신 30을 더했으므로 결과에서 2를 뺍니다.
(2) 29 대신 30을 뺐으므로 결과에 1을 더합니다.

1-3 49와 가장 가까운 몇십은 50입니다. 50은 49보다 1만큼 더 큰 수입니다.
→ 71에서 50을 뺀 결과에 1을 더합니다.

2-2 구하려는 것 미호가 수석이에게 주어야 하는 구슬 수
주어진 조건 미호에게 구슬 35개가 있었는데 28개를 땄음. 수석이가 30개를 미호에게 줌.
해결 전략 35에 30을 더한 결과에서 2를 뺍니다.
수석이가 미호에게 28개를 주어야 하는데 30개를 주었으므로 2개를 돌려주어야 합니다.
미호가 가진 구슬 수: $35+28$
→ $35+30=65,\ 65-2=63$(개)

1일 사고력·코딩 **96**쪽~**97**쪽

1 (1) 26 (2) 45

2 83, 36, 61, 17, 72 ;

8	3		
	6	1	
		7	2

3 64, 6, 13   **4** 23

1 (1) $45-19 \rightarrow 46-20=26$
(2) $73-28 \rightarrow 75-30=45$

2 $89-6=83$
$17+19=36$ ⎤ 36과 61의 6이 공통이므로
$32+29=61$ ⎦ 36을 세로로 써넣습니다.
$8+9=17$ ⎤ 61과 17의 1이 공통이므로
$91-19=72$ ⎦ 17을 세로로 써넣습니다.

3 $35+29 \rightarrow 35+30=65,\ 65-1=64,$
$52-39 \rightarrow 52-40=12,\ 12+1=13,$
64를 가장 왼쪽에, 13을 가장 오른쪽에 써넣고 나머지 칸에 6을 써넣습니다.

4

처음 맞히는 공의 수는 29입니다.
$52-29 \rightarrow 52-30=22,\ 22+1=23$

2일 개념·원리 길잡이 **98**쪽~**99**쪽

활동 문제 **98**쪽
(위에서부터) 39, 84, 38, 48, 36, 72

활동 문제 **99**쪽

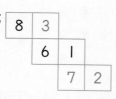

```
  2  ⑨        ⑧  4
+ ⑤  2      - 2  ⑨
─────       ─────
  8  1        5  5

  ③  4        6  ②
+ 2  ⑨      - ①  8
─────       ─────
  6  3        4  4
```

활동 문제 **99**쪽

```
  2 □
+ □ 2
─────
  8 1
```

일의 자리의 계산: 받아올림이 있습니다.
$\square+2=11$이므로 $\square=9$
십의 자리의 계산: $1+2+\square=8,$
$3+\square=8,\ \square=5$

$$\begin{array}{r} \square\ 4 \\ -\ 2\ \square \\ \hline 5\ 5 \end{array}$$

일의 자리의 계산: 받아내림이 있습니다.
$14-\square=5$이므로 $\square=9$
십의 자리의 계산: $\square-1-2=5$,
$\square-1=8$

$$\begin{array}{r} \square\ 4 \\ +\ 2\ \square \\ \hline 6\ 3 \end{array}$$

일의 자리의 계산: 받아올림이 있습니다.
$4+\square=13$, $\square=9$
십의 자리의 계산: $1+\square+2=6$,
$1+\square=4$, $\square=3$

$$\begin{array}{r} 6\ \square \\ -\ \square\ 8 \\ \hline 4\ 4 \end{array}$$

일의 자리의 계산: 받아내림이 있습니다.
$10+\square-8=4$, $10+\square=12$, $\square=2$
십의 자리의 계산: $6-1-\square=4$,
$5-\square=4$, $\square=1$

2일 서술형 길잡이 독해력 길잡이   **100**쪽~**101**쪽

1-1 (1) 4 (2) 6, 4
1-2 (1) 1 (2) 없습니다에 ○표 (3) 3
1-3 (1) 있습니다에 ○표 (2) 4, 2
2-1 6, 1, 8   2-2 7
2-3 (위에서부터) 5, 7

1-2 (1) 십의 자리에서 받아올림한 수이므로 1입니다.
　(3) 똑같은 두 수를 더한 결과가 6입니다. $3+3=6$
　　이므로 알맞은 수는 3입니다.
1-3 (1) 1에서 어떤 수를 뺐을 때 7이 될 수 없으므로 십의
　　자리에서 일의 자리로 받아내림이 있습니다.
　(2)
$$\begin{array}{r} {\scriptstyle 2\ 10} \\ \boxed{3}\ 1 \\ -\ 1\ \boxed{3} \\ \hline 1\ \cancel{8} \end{array} \qquad \begin{array}{r} {\scriptstyle 3\ 10} \\ \boxed{4}\ 1 \\ -\ 1\ \boxed{4} \\ \hline 2\ \boxed{7} \end{array}$$

　　따라서 🐾은 4이고, ♦은 2입니다.
2-2 일의 자리의 계산: 같은 수 2개를 더하여 일의 자리 숫
　　자가 4가 되려면 $2+2=4$ 또는 $7+7=14$입니다.
　　🐻가 2이면 $94-22=72$ (×)
　　🐻가 7이면 $94-77=17$ (○)

2-3 일의 자리의 계산: 🐾$+5=0$이 될 수 없으므로
　　🐾$+5=10$이고 🐾$=5$입니다.
　　십의 자리의 계산: $1+7+$🐾$=15$이므로
　　$8+$🐾$=15$, 🐾$=7$입니다.

2일 사고력·코딩   **102**쪽~**103**쪽

1 (1) 46, 17 (2) 75, 24
2 32   3 7, 3, 1, 8
4
$$\boxed{5}\ \boxed{4}+\boxed{8}\ \boxed{7}$$
(또는 $\boxed{5}\ \boxed{7}+\boxed{8}\ \boxed{4}$,
$\boxed{8}\ \boxed{4}+\boxed{5}\ \boxed{7}$, $\boxed{8}\ \boxed{7}+\boxed{5}\ \boxed{4}$)
5 2, 1, 7

1 (1) 🍩$+$🥨$=63$이므로 두 번째 식에서 $63+$🍩
　　$=80$입니다.
　　$80-63=17$이므로 🍩는 17입니다.
　　첫 번째 식에서 $17+$🥨$=63$이므로
　　$63-17=46$, 🥨$=46$입니다.
　(2) 🧁$-$🍩$=51$이므로 두 번째 식에서 $51-$🍩
　　$=27$입니다.
　　$51-27=24$이므로 🍩는 24입니다.
　　첫 번째 식에서 🧁$-24=51$이므로
　　$51+24=75$, 🧁$=75$입니다.
2 ⬤에 적혀 있는 두 수의 합은 38입니다.

$\square+\square=3$이 될 수 없으므로 일의
자리에서 받아올림이 있습니다.
$\triangle+\triangle=18$, $\triangle=9$
$1+\square+\square=3$, $\square=1$ 따라서
⬤에 적혀 있는 수는 19입니다.
⬠에 적혀 있는 두 수의 합은 48입니다.

십의 자리로 받아올림이 없으므로
☆$+$☆$=8$입니다. ☆$=4$
◉$+$◉$=4$, ◉$=2$
⬠에 적혀 있는 수는 24입니다.

⬛$+19+24=75$이므로 ⬛$+43=75$입니다.
$75-43=32$이므로 ⬛에 적혀 있는 수는 32입니다.

3 덧셈식에서 🍅는 받아올림한 수이므로 1입니다.
덧셈식의 일의 자리 계산에서 🥕 2개를 더한 수의 일의 자리 숫자가 4이므로 🥕은 2 또는 7입니다.
🥕이 2이면 뺄셈식의 십의 자리의 계산이 맞지 않으므로 🥕은 7입니다.
덧셈식의 일의 자리에서 십의 자리로 받아올림이 있으므로 1+🍉+9=13이고 🍉은 3입니다.
뺄셈식의 일의 자리 계산에서 10+1-3=8이므로 🌰는 8입니다.

4 더했을 때 일의 자리 숫자가 1이 되는 두 수는 4와 7입니다. 따라서 4와 7을 두 수의 일의 자리에 놓고 식을 완성합니다.

5 7, 6, 1, 2를 이용하여 뺄셈식을 만듭니다.
6을 가장 먼저 눌렀으므로 6□-□□=45에서 빼는 수의 십의 자리 숫자는 6보다 작은 1 또는 2입니다.
67-12=55, 62-17=45, 61-27=34,
67-21=46이므로 알맞은 식은 62-17=45이고 누르는 순서는 6, 2, -, 1, 7, =입니다.

3일 개념·원리 길잡이   **104**쪽~**105**쪽

활동 문제 **104**쪽
❶ 74 ❷ 92 ❸ 123 ❹ 101

활동 문제 **105**쪽
❶ 28 ❷ 65 ❸ 16 ❹ 39

활동 문제 **104**쪽

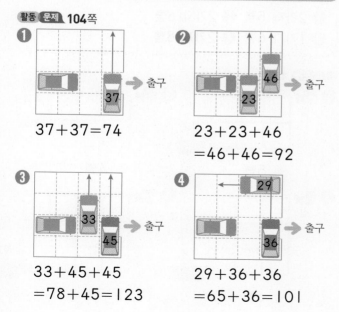

❶ 37+37=74

❷ 23+23+46
=46+46=92

❸ 33+45+45
=78+45=123

❹ 29+36+36
=65+36=101

활동 문제 **105**쪽

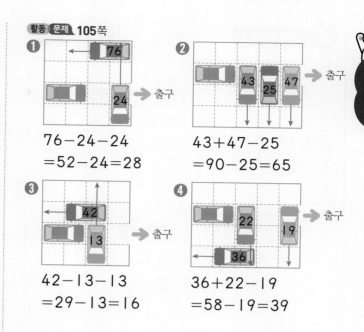

❶ 76-24-24
=52-24=28

❷ 43+47-25
=90-25=65

❸ 42-13-13
=29-13=16

❹ 36+22-19
=58-19=39

3일 서술형 길잡이 독해력 길잡이   **106**쪽~**107**쪽

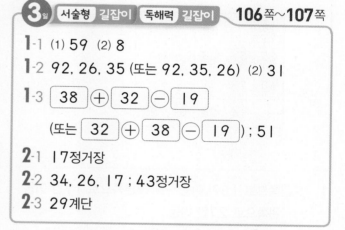

1-1 (1) 59 (2) 8

1-2 92, 26, 35 (또는 92, 35, 26) (2) 31

1-3 | 38 | ＋ | 32 | － | 19 |
(또는 | 32 | ＋ | 38 | － | 19 |) ; 51

2-1 17정거장

2-2 34, 26, 17 ; 43정거장

2-3 29계단

1-1 (1) 74+18-33=92-33=59
(2) 35+35-62=70-62=8

1-2 (1) 오른쪽으로 이동하는 차의 번호: 92,
왼쪽으로 이동하는 차의 번호: 26, 35
(2) 92-26-35=66-35=31

1-3 오른쪽으로 이동하는 차의 번호: 38, 32,
왼쪽으로 이동하는 차의 번호: 19
38+32-19=70-19=51

2-2 구하려는 것 기차가 있는 위치
주어진 조건 앞으로 34정거장 감, 앞으로 26정거장 더 간 다음 뒤로 17정거장 감.
해결 전략 앞으로 간 정거장의 수를 더하고 뒤로 간 정거장의 수만큼 뺍니다.
34+26-17=60-17=43(정거장)

2-3 61+24-56=85-56=29(계단)

3일 사고력·코딩 108쪽~109쪽

1

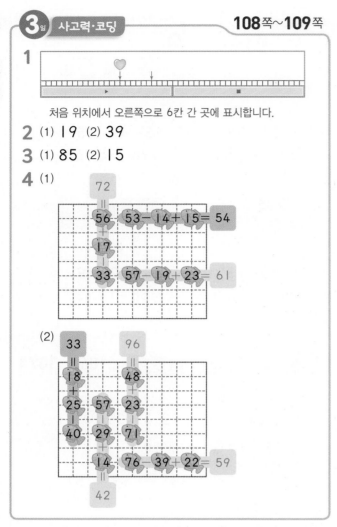

처음 위치에서 오른쪽으로 6칸 간 곳에 표시합니다.

2 (1) 19 (2) 39

3 (1) 85 (2) 15

4 (1)

(2)

1 오른쪽으로 16칸 이동 ➡ 오른쪽으로 17칸 이동
➡ 왼쪽으로 27칸 이동

$16+17-27=33-27=6$

오른쪽 간 칸 수는 더하고, 왼쪽으로 간 칸 수는 빼는 식을 만듭니다.

따라서 이동이 끝났을 때에는 처음 위치에서 오른쪽으로 6칸 간 곳에 있게 됩니다.

2 (1)

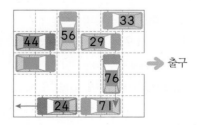

➡ 출구

24번 자동차가 앞으로 한 칸 이동, 71번 자동차가 앞으로 한 칸 이동하고, 76번 자동차가 뒤로 한 칸 이동하면 출구로 분홍색 차를 빼낼 수 있습니다.

➡ $24+71-76=95-76=19$

(2)

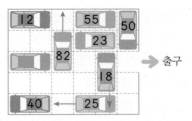

➡ 출구

82번 자동차가 앞으로 한 칸 이동하고, 25번 자동차가 뒤로 한 칸, 18번 자동차가 뒤로 한 칸 이동하면 출구로 분홍색 차를 빼낼 수 있습니다.

➡ $82-25-18=57-18=39$

3 (1)

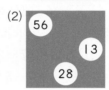

$24+29+32=53+32$
$=85$

(2)

$56-13-28=43-28$
$=15$

4 (1) $33-17+56=16+56=72$,
$57-19+23=38+23=61$

(2) $57-29+14=28+14=42$,
$71-23+48=48+48=96$,
$76-39+22=37+22=59$

4일 개념·원리 길잡이 110쪽~111쪽

활동 문제 **110쪽**

❶ 5뼘 ❷ 4뼘 ❸ 6뼘 ❹ 7뼘

활동 문제 **111쪽**

❶ 2가지, 5뼘 ❷ 2가지, 6뼘
❸ 1가지, 6뼘 ❹ 2가지, 8뼘

활동 문제 **110쪽**

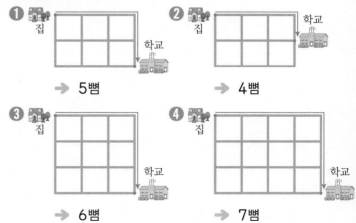

❶ ➡ 5뼘

❷ ➡ 4뼘

❸ ➡ 6뼘

❹ ➡ 7뼘

활동 문제 111쪽

①

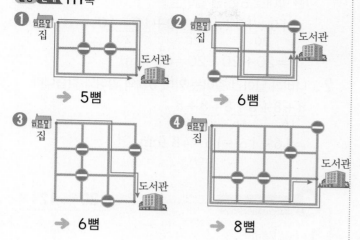

➡ 5뼘

② ➡ 6뼘

③ ➡ 6뼘

④ ➡ 8뼘

4일 서술형 길잡이 독해력 길잡이 112쪽~113쪽

1-1 (1) 아빠 (2) 이모

1-2 (1) 지선 (2) 지선

1-3 (1) 420 (2) 라미

2-1 예준

2-2 준희

2-3 미애

1-2 (1) 15와 16을 비교하면 15가 더 작습니다.
　(2) 재어서 나타낸 수가 더 작은 사람의 한 뼘의 길이가
　　 더 깁니다. 따라서 지선이의 한 뼘의 길이가 더 깁
　　 니다.

1-3 (1) 420 < 560
　　　 └ 4 < 5 ┘

　(2) 재어서 나타낸 수가 더 작은 사람은 라미입니다. 따라
　　 서 라미의 발 길이가 수호의 발 길이보다 더 깁니다.

2-2 **구하려는 것** 가장 긴 실을 가진 사람
　주어진 조건 준희, 미영, 해미가 각각 뼘, 클립, 공깃돌 사용
　해결 전략 뼘, 클립, 공깃돌의 길이를 비교하여 가장 긴 것을 찾습
니다.

2-3 발 길이가 가위의 길이보다 더 깁니다. 따라서 더 긴 줄
을 가지고 있는 사람은 미애입니다.

4일 사고력·코딩 114쪽~115쪽

1 2가지, 8뼘

2  ; 9뼘

3 지안

4 (1) 가위, 빨대, 연필 (2) 가, 다, 나

1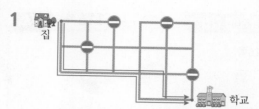

가장 가까운 길로 가는 길은 지도에서 8칸이므로 8뼘
이고, 2가지입니다.

2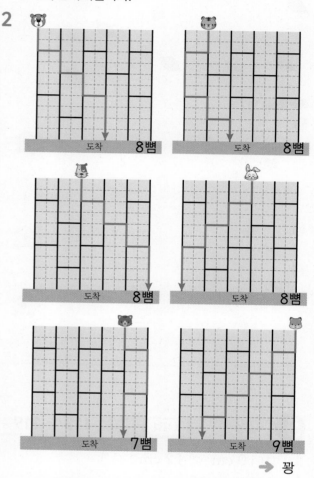

3 발 길이, 뼘, 엄지 손가락의 길이를 비교하면 발 길이가
가장 길고 엄지 손가락이 가장 짧습니다. 따라서 가장
긴 마술 지팡이를 가지고 있는 사람은 지안입니다.

4

(1) 연필, 가위, 빨대 1개의 길이를 비교하면 수가 가장
　 적은 가위가 가장 길고, 수가 가장 많은 연필이 가
　 장 짧습니다.

(2) 연필 5자루, 가위 3개, 빨대 4개의 길이를 비교하
　 면 연필 5자루가 가장 길고, 가위 3개가 가장 짧습
　 니다.

5일 개념·원리 길잡이 116쪽~117쪽

활동 문제 116쪽

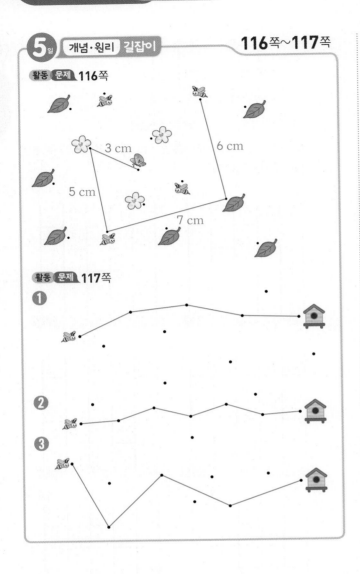

활동 문제 117쪽

(2) 막대로 6번 잰 길이는

$$\underset{20}{10+10}+\underset{20}{10+10}+\underset{20}{10+10}$$
$$=20+20+20=60 \,(cm)$$

2-3 나비가 날아간 길이는 막대 6개의 길이와 같습니다.

$$\underset{16}{8+8}+\underset{16}{8+8}+\underset{16}{8+8}$$
$$=16+16+16=48 \,(cm)$$

5일 사고력·코딩 120쪽~121쪽

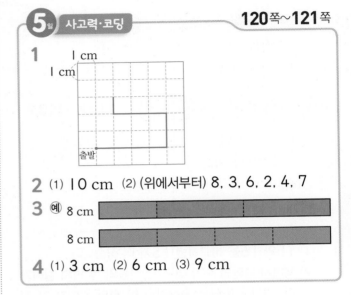

2 (1) 10 cm (2) (위에서부터) 8, 3, 6, 2, 4, 7

3 예
8 cm
8 cm

4 (1) 3 cm (2) 6 cm (3) 9 cm

1 방향에 맞게 선을 길이만큼 긋습니다.

2 (1) $2+5+3=10 \,(cm)$

3 파란색은 연속하여 2칸, 빨간색은 연속하여 3칸이 되도록 색칠합니다.

4 (2) 클립 2개의 길이와 같으므로 $3+3=6 \,(cm)$입니다.

(3) 연필 2자루의 길이에서 클립 1개의 길이를 뺀 길이와 같습니다. ➔ $6+6-3=12-3=9 \,(cm)$

5일 서술형 길잡이 독해력 길잡이 118쪽~119쪽

1-1 (1) 10 cm (2) 12 cm
1-2 (1) 5번 (2) 25 cm
1-3 (1) 10번 (2) 50 cm   **2-1** 70 cm
2-2 (1) 10 cm (2) 60 cm
2-3 48 cm

1-2 $\underset{10}{5+5}+\underset{10}{5+5}+5=10+10+5=25 \,(cm)$

1-3 연필 10자루의 길이와 같습니다.
$\underset{10}{5+5}+\underset{10}{5+5}+\underset{10}{5+5}+\underset{10}{5+5}+\underset{10}{5+5}$
$=10+10+10+10+10=50 \,(cm)$

2-2 구하려는 것 벌이 날아가야 하는 거리
주어진 조건 거리는 막대로 6번 잰 길이, 막대의 길이는 10 cm
해결 전략 막대로 6번 잰 길이를 구합니다.

3주 특강 창의·융합·코딩 122쪽~127쪽

1 (위에서부터) $=, =, =, =, =, <$

2

오른쪽 아래 부분의 45와 19가 쓰여 있는 사람에 ○표 합니다.

3 ❶ 정육점 ❷ 세탁소 ❸ 편의점

4 ① 10, 7, 11 ② (왼쪽에서부터) 4, 3, 1
③ 14, 6, 8
5 ① 28 ② 14 ③ 2, 4, 8
6 ① 41개, 24개 ② 60개, 59개

2 선글라스를 쓰지 않은 사람 중에서 모자를 쓴 사람을 찾아 모자와 옷에 있는 수의 차를 구합니다.
$61-39=22$, $72-49=23$, $42-18=24$,
$70-38=32$, $71-48=23$, $\underline{45-19=26}$

3 ① 북쪽으로 2칸 떨어진 곳에 있는 것은 정육점입니다.
② 남쪽으로 4칸, 서쪽으로 3칸 떨어진 곳에 있는 것은 세탁소입니다.
③ 반찬 가게 $\xrightarrow[6칸]{}$ 편의점 $\xrightarrow[5칸]{}$ 서현이네 집: 11칸

반찬 가게 $\xrightarrow[8칸]{}$ 마트 $\xrightarrow[5칸]{}$ 서현이네 집: 13칸

따라서 편의점에서 사는 것이 더 가깝습니다.

4 ① $3+7=10$ (cm), $3+4=7$ (cm),
$7+4=11$ (cm)
② 성냥개비 2개의 길이의 차를 구합니다.
$7-3=4$ (cm), $7-4=3$ (cm),
$4-3=1$ (cm)
③ 성냥개비 3개의 길이의 합을 구합니다.
$3+7+4=14$ (cm)
성냥개비 2개의 길이의 합에서 나머지 1개의 길이를 뺍니다. $3+7-4=10-4=6$ (cm),
$7+4-3=11-3=8$ (cm)

5 ① $12+10+6=22+6=28$
② 2개씩 놓았을 때 무게가 28입니다. 1개씩 놓았을 때의 무게를 □△라고 하면 □△+□△=28입니다.

$$\begin{array}{r} \square\ \triangle \\ +\ \square\ \triangle \\ \hline 2\ 8 \end{array}$$

□+□=2이므로 □=1,
△+△=8이므로 △=4입니다.
➡ $14+14=28$

③ 도넛의 무게는 14에서 샌드위치와 음료수의 무게의 합을 뺀 것과 같습니다. ➡ $14-12=2$
샌드위치의 무게는 14에서 도넛과 음료수의 무게의 합을 뺀 것과 같습니다. ➡ $14-10=4$
음료수의 무게는 14에서 샌드위치와 도넛의 무게의 합을 뺀 것과 같습니다. ➡ $14-6=8$

6 ①

결과	석진	민하
석진이가 가위로 이김	16	0
민하가 보로 이김	16 ↘+25	24
석진이가 바위로 이김	41	24

②

결과	재민	다영
처음	50 ↘−15	50 ↘+24
다영이가 보로 이김	35 ↘+25	74 ↘−15
재민이가 바위로 이김	60	59

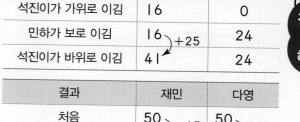

누구나 100점 TEST 128쪽~129쪽

1 $\boxed{7}\ \boxed{1} + \boxed{5}\ \boxed{6}$
(또는 $\boxed{7}\ \boxed{6} + \boxed{5}\ \boxed{1}$,
$\boxed{5}\ \boxed{6} + \boxed{7}\ \boxed{1}$, $\boxed{5}\ \boxed{1} + \boxed{7}\ \boxed{6}$)
2 8, 17 **3** 수민 **4** 3, 5, 2
5 6 cm **6** 15 cm **7** 30 cm
8 62 **9** 39

2 🧁＋🥨＋🥨=42이므로 25＋🥨=42입니다.
　　　25
🥨=$42-25=17$
🧁＋🥨=25에서 🥨이 17이므로
🧁=$25-17=8$입니다.

3 재어서 나타낸 수가 작을수록 한 뼘의 길이가 깁니다.

4 뺄셈식의 일의 자리 계산: $10-🍎=8$이므로 🍎는 2입니다.
십의 자리 계산: 🥝$-1-1=3$이므로 🥝는 5입니다.
덧셈식의 일의 자리 계산: $7+5=12$이므로 받아올림이 있습니다. $1+🔺+🔺=7$이므로 🔺는 3입니다.

5 클립 2개의 길이와 같으므로 $3+3=6$ (cm)입니다.

6 크레파스 3개의 길이에서 클립의 길이를 뺀 길이와 같으므로 $6+6+6=18$, $18-3=15$ (cm)입니다.

7 크레파스 5개의 길이와 같으므로
$6+6+6+6+6=30$ (cm)입니다.

8 $14+27+21=41+21=62$
9 $94-27-28=67-28=39$

4주

이번 주에는 무엇을 공부할까? ❷　　132쪽~133쪽

1-1 ㉢, ㉦ ; ㉠, ㉡, ㉣, ㉤, ㉥
1-2 ㉠, ㉥ ; ㉢, ㉣ ; ㉡, ㉤
2-1 2, 3, 2　　　　　2-2 2, 2, 2
3-1 3, 15　　　　　　3-2 7, 28
4-1 (1) 2, 5 (2) 3, 4　4-2 (1) 4, 8 (2) 9, 3
5-1 4, 5, 20　　　　　5-2 6, 3, 18

2-1 초록색 : ㉠, ㉥, 빨간색 : ㉡, ㉢, ㉤, 보라색 : ㉣, ㉦
2-2 3개 : ㉠, ㉥, 4개 : ㉡, ㉣, 5개 : ㉢, ㉤
3-1 5씩 3묶음 ➡ 5+5+5=15
3-2 4씩 7묶음 ➡ 4+4+4+4+4+4+4=28

1일　개념·원리 길잡이　　134쪽~135쪽

활동 문제 134쪽
14, 10, 7 ; 14, 많 ; 7, 적

활동 문제 135쪽

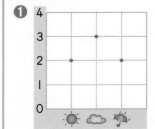

❶

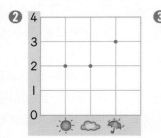

❷

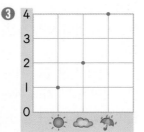

❸

활동 문제 135쪽

❶

날씨	맑은 날	흐린 날	비 온 날
날수(일)	2	3	2

❷

날씨	맑은 날	흐린 날	비 온 날
날수(일)	2	2	3

❸

날씨	맑은 날	흐린 날	비 온 날
날수(일)	1	2	4

1일　서술형 길잡이　독해력 길잡이　　136쪽~137쪽

1-1 ㉡
1-2 (1) 5　(2) 빨간색에 ○표, 5
　　(3) 모양에 따라 분류하면 사각형이 4개로 가장 많습니다.
2-1 3개　　　　　　2-2 3개
2-3 딸기 맛 우유, 바나나 맛 우유

1-1 왼쪽은 무늬가 가로와 세로줄 무늬이고, 오른쪽은 작은 사각형 무늬입니다.
1-2 (1) 채우기에 따라 분류하면 채워지지 않은 것이 5개, 채워진 것이 4개입니다.
　　(2) 색깔에 따라 분류하면 빨간색이 5개, 초록색이 4개입니다.
　　(3) 모양에 따라 분류하면 원이 2개, 사각형이 4개, 삼각형이 3개입니다.
2-1 노란색이 아닌 공깃돌의 수의 합은
　　4+1+5+3=13(개)입니다.
　　(노란색 공깃돌의 수)=16-13=3(개)
2-2 **구하려는 것** 농구공의 수
　　주어진 조건 전체 공의 수는 19개, 축구공 5개, 배구공 3개, 야구공 5개, 핸드볼공 3개
　　해결 전략 농구공이 아닌 공의 수의 합을 구하여 전체 공의 수에서 뺍니다.
　　농구공이 아닌 공의 수의 합은 5+3+5+3
　　=8+5+3=13+3=16(개)입니다.
　　(농구공의 수)=19-16=3(개)
2-3 딸기 맛 우유가 아닌 우유 수의 합은 4+4+3+2
　　=8+3+2=11+2=13(개)이므로 딸기 맛 우유는 18-13=5(개)입니다.
　　가장 많은 우유는 5개인 딸기 맛 우유이고, 가장 적은 우유는 2개인 바나나 맛 우유입니다.

1일 사고력·코딩   138쪽~139쪽

1 (1) 예 곧은 선이 있는 도형과 없는 도형

   (2) 예 무늬가 없는 도형과 없는 도형

2

(그래프)

	짧은 우산	긴 우산
4	●	
3		●

	빨간색 우산	노란색 우산	파란색 우산	초록색 우산
2	●		●	●
1		●		

3 (1) 화요일, 목요일, 금요일 ; 월요일, 수요일

   (2) 5 ; 7 ; 7 ; 3

4 2벌

---

2 짧은 우산: 4개, 긴 우산: 3개

   빨간색 우산: 2개, 노란색 우산: 1개, 파란색 우산: 2개,

   초록색 우산: 2개

3 (1) 4교시까지 있는 요일과 5교시까지 있는 요일을 분류합니다.

4 바지가 아닌 옷의 수는 2+5+2+4=13(벌)입니다. ➡ (바지의 수)=15-13=2(벌)

2일 개념·원리 길잡이   140쪽~141쪽

활동 문제 140쪽

예 ❶ 사각형 ❷ 모자 ❸ 탈것

활동 문제 141쪽

활동 문제 141쪽

음식은 행행입니다.

옷은 송송입니다.

2일 서술형 길잡이 독해력 길잡이   142쪽~143쪽

1-1 (1) ㉢ (2) ㉤   **1-2** ㉥   **1-3** ㉡, 동물

2-1 예 모양과 크기가 같은 두 도형이 겹쳐져 있습니다.

2-2 예 텐텐은 십의 자리 숫자와 일의 자리 숫자의 합이 10인 수입니다.

2-3 예 월월은 일의 자리 숫자가 십의 자리 숫자보다 1만큼 더 큰 수입니다.

1-1 (1) 소방차, 오토바이, 자전거, 트럭은 탈것입니다. 따라서 공통점이 없는 것은 독수리입니다.

   (2) 귤, 사과, 포도, 감은 과일입니다. 호랑이는 과일이 아니므로 공통점이 없는 것은 호랑이입니다.

1-2 오리, 참새, 까마귀, 까치, 홍학, 기러기, 황새는 모두 새입니다. 따라서 지윤이가 웅웅이라고 부르기로 한 것은 새이고 잘못 모은 것은 ㉥ 코끼리입니다.

1-3 달팽이, 고래, 펭귄, 앵무새, 메뚜기, 젖소, 뱀은 모두 동물입니다. 따라서 현서가 낭낭이라고 부르기로 한 것은 동물이고 잘못 모은 것은 ㉡ 은행나무입니다.

2-2 구하려는 것 텐텐이라고 이름을 정한 수는 어떤 수인지 쓰기

  주어진 조건 텐텐과 텐텐이 아닌 수

  해결 전략 텐텐인 수의 십의 자리 숫자와 일의 자리 숫자의 합을 구하여 텐텐이라고 이름을 정한 수는 어떤 수인지 알아봅니다.

2일 사고력·코딩   144쪽~145쪽

1 ㉡, ㉢, ㉤, ◎ ; ㉠, ㉣, ㉥, ㉧

2 (1) 2에 ×표 (2) 커에 ×표   **3** ㉡, ㉤, ◎

4 (1) 킹킹은 십의 자리 숫자와 일의 자리 숫자가 같은 수입니다. (2) × ; ○

---

1 티티인 도형은 안쪽에 색칠된 도형이 들어 있습니다.

2 (1) 2를 뺀 나머지는 모두 한글입니다.

   (2) 커를 뺀 나머지는 모두 몸의 일부분을 가리키는 단어입니다.

3 주어진 것 중에 동물을 모두 찾으면 ㉠ 돌고래, ㉡ 기린, ㉢ 독수리, ㉧ 해파리, ◎ 거미입니다.

   르르는 물속에서 주로 활동하지 않으므로 이 중에서 물속에서 주로 활동하는 것을 빼면 르르는 ㉡ 기린, ㉢ 독수리, ◎ 거미입니다.

4 (2) 20은 십의 자리 숫자와 일의 자리 숫자가 같지 않으므로 킹킹이 아닙니다.

   66은 십의 자리 숫자와 일의 자리 숫자가 같으므로 킹킹입니다.

3일 개념·원리 길잡이   146쪽~147쪽

활동 문제 146쪽

❶ 18 ❷ 16 ❸ 15

활동 문제 147쪽

❶ 22 ❷ 18 ❸ 26

활동 문제 146쪽

❶ 배추가 6씩 3묶음입니다. ➡ 6×3=18
❷ 배추가 4씩 4묶음입니다. ➡ 4×4=16
❸ 배추가 3씩 5묶음입니다. ➡ 3×5=15

활동 문제 147쪽

❶ 무가 7씩 2묶음과 4씩 2묶음입니다.
7×2=14, 4×2=8 ➡ 14+8=22
❷ 무가 6개씩 2줄과 3개씩 2줄입니다.
6×2=12, 3×2=6 ➡ 12+6=18
❸ 무가 4개씩 2줄과 9개씩 2줄입니다.
4×2=8, 9×2=18 ➡ 8+18=26

3일 서술형 길잡이 독해력 길잡이 148쪽~149쪽

1-1 24, 30
1-2 (1) 예 2×6=12, 3×4=12,
6×2=12, 4×3=12
(2) 12개
1-3 예 3×8=24, 4×6=24,
8×3=24, 6×4=24
2-1 16개
2-2 24개
2-3 36개

2-1 🐰 모양이 가로로 4개씩 세로로 4줄이므로 모두
4×4=16(개) 입니다.

2-2 구하려는 것 체리의 수
주어진 조건 체리가 한 줄에 8개씩 3줄
해결 전략 곱셈을 이용하여 체리의 수를 구합니다.
가로로 8개씩 세로로 3줄이므로 모두 8×3=24(개)
입니다.

2-3 가로로 9개씩 세로로 4줄이므로 모두 9×4=36(개)
입니다.

3일 사고력·코딩 150쪽~151쪽

1 34개
2 (1) 56장 (2) 40장
3 (1) 2배 (2) 3배
4 21송이   5 24개

1 8개씩 3줄과 5개씩 2줄입니다.
8개씩 3줄 → 8×3=24(개),
5개씩 2줄 → 5×2=10(개)
➡ 24+10=34(개)

2 (1) 8장씩 7송이이므로 8×7=56(장)입니다.
(2) 5장씩 8송이이므로 5×8=40(장)입니다.

3 (1) 긴 막대는 짧은 막대 2개의 길이와 같습니다.
(2) 긴 막대는 짧은 막대 3개의 길이와 같습니다.

4 포도가 한 바구니에 7송이씩 3바구니에 담겨 있으므
로 모두 7×3=21(송이)입니다.

5 모양 하나를 만드는 데 면봉이 6개 필요하므로 같은
모양을 4개 만들려면 면봉은 모두 6×4=24(개) 필
요합니다.

4일 개념·원리 길잡이 152쪽~153쪽

활동 문제 152쪽

❶ 가운데 지붕에 ☆표
❷ 가장 왼쪽 지붕에 ☆표

활동 문제 153쪽

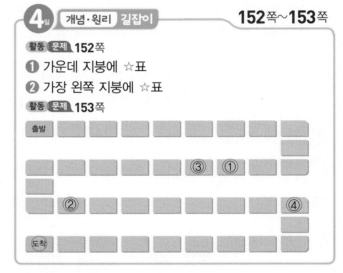

활동 문제 152쪽

❶ 4×5=20, 3×4=12, 7×2=14, 3×6=18,
4×2=8, 8×2=16

❷ 3×5=15, 2×5=10, 6×4=24, 7×3=21,
4×4=16, 9×2=18

활동 문제 153쪽

3×4=12, 3×3=9, 4×2=8, 3×5=15, 2×6=12

4일 서술형 길잡이 독해력 길잡이 154쪽~155쪽

1-1 6, 2, 12
1-2 4×3=12, 12권
1-3 (1) 24켤레 (2) 30켤레 (2) 은우
2-1 13개
2-2 (1) 14장 (2) 21장
2-3 10개

1-1 6×2=12(개)

1-2 4의 3배 ➔ 4×3=12

1-3 (1) 4씩 6묶음이므로 4×6=24(켤레)입니다.
(2) 6씩 5묶음이므로 6×5=30(켤레)입니다.
(3) 24보다 30이 더 크므로 은우가 아린이보다 양말을 더 많이 가지고 있습니다.

2-1 6×3=18, 18−5=13(개)

2-2 구하려는 것 영은이와 서진이가 가지고 있는 색종이 수의 합
주어진 조건 영은이가 가지고 있는 색종이는 7장, 서진이가 가지고 있는 색종이 수는 영은이의 2배
해결 전략 ❶ 서진이가 가지고 있는 색종이 수를 구합니다.
❷ 두 사람이 가진 색종이 수의 합을 구합니다.
(1) 7의 2배이므로 7×2=14(장)입니다.
(2) 7+14=21(장)

2-3 수지가 가지고 있는 지우개는 4×3=12(개)입니다. 인호에게 2개를 주었으므로 수지에게 남은 지우개는 12−2=10(개)입니다.

4일 사고력·코딩 156쪽~157쪽

1 (1) 21 (2) 30
2 (1) [2]×[3]=[6] (2) [6]×[3]=[18]
3 (○) ( ) ( )
4 1, 2, 8

1 (1) 5의 4배는 5×4=20, 7의 3배는 7×3=21이므로 더 큰 수는 21입니다.
(2) 3의 8배는 3×8=24, 6의 5배는 6×5=30이므로 더 큰 수는 30입니다.

2 (1) 한 번에 2알씩 3번 먹어야 합니다.
➔ 2×3=6(알)
(2) 하루에 6알씩 3일 동안 먹어야 합니다.
➔ 6×3=18(알)

3 6×3=18, 5×2=10, 3×3=9, 6×2=12, 7×3=21, 9×4=36

20	19	(36)
23	24	11
(21)	(12)	(9)

26	(36)	(10)
(9)	16	22
8	(21)	17

(12)	(18)	25
15	27	(10)
30	(9)	19

4 곱이 16인 두 수를 찾으면 2와 8 또는 4와 4입니다. 비밀번호는 서로 다른 3개의 수이므로 4와 4는 비밀번호가 될 수 없습니다.
비밀번호 중에서 가장 작은 수는 1이므로 작은 수부터 차례로 쓰면 1, 2, 8입니다.

5일 개념·원리 길잡이 158쪽~159쪽

활동 문제 158쪽
❶ 9 ❷ 6 ❸ 16
활동 문제 159쪽
❶ 6 ❷ 9 ❸ 8

활동 문제 158쪽
❶ 3×3=9(가지) ❷ 3×2=6(가지)
❸ 4×4=16(가지)

활동 문제 159쪽
❶ 첫 번째 갈림길 3가지, 두 번째 갈림길 2가지
➔ 3×2=6(가지)
❷ 첫 번째 갈림길 3가지, 두 번째 갈림길 3가지
➔ 3×3=9(가지)
❸ 첫 번째 갈림길 2가지, 두 번째 갈림길 4가지
➔ 2×4=8(가지)

5일 서술형 길잡이 독해력 길잡이 160쪽~161쪽

1-1 5, 3, 15
1-2 (1) 5가지 (2) 20가지
1-3 6가지
2-1 6가지
2-2 8가지
2-3 25가지

1-1 사탕의 수와 젤리의 수를 곱하면 고르는 방법의 가짓수를 구할 수 있습니다.

1-2 (1) 가방은 5개이므로 고를 수 있는 가방의 가짓수는 5가지입니다.

(2) 신발의 수와 가방의 수를 곱합니다.

$4 \times 5 = 20$(가지)

1-3 $2 \times 3 = 6$(가지)

2-1 모자 한 개를 썼을 때 안경을 쓰는 방법은 2가지입니다. 모자 수는 3이므로 3에 2를 곱합니다.

➡ $3 \times 2 = 6$(가지)

2-2 구하려는 것 ┃ 모자와 안경을 쓰는 방법의 가짓수

주어진 조건 ┃ 모자 4개, 안경 2개

해결 전략 ┃ 모자 수와 안경 수를 곱합니다.

2-3 사탕 한 개를 골랐을 때 고를 수 있는 우유의 가짓수는 5가지입니다. 사탕은 5가지이므로 5에 5를 곱합니다.

➡ $5 \times 5 = 25$(가지)

5일 사고력·코딩   **162**쪽~**163**쪽

1 6가지

2 (1) 4가지 (2) 5가지

3 (1) 9가지 (2) 16가지

4 8가지

---

1 계란말이를 골랐을 때 오른쪽에서 고를 수 있는 후식은 방울토마토와 브로콜리로 2가지입니다. 소시지와 돈가스를 골랐을 때도 2가지씩 있으므로 도시락을 싸는 방법은 $3 \times 2 = 6$(가지)입니다.

2 (1)

①번 길로 갈 때 2가지 방법이 있고, ②번 길로 갈 때도 2가지 방법이 있습니다. ➡ $2 \times 2 = 4$(가지)

(2)

위 (1)번에서 구한 가짓수에 ③번 길로 가는 방법이 하나 더 있으므로 모두 5가지입니다.

---

3 (1) 한 부분에 색칠할 수 있는 색이 3가지이고, 나머지 부분에 색칠할 수 있는 색도 3가지이므로 모두 $3 \times 3 = 9$(가지) 방법으로 색칠할 수 있습니다.

(2) 한 부분에 색칠할 수 있는 색이 4가지이고, 나머지 부분에 색칠할 수 있는 색도 4가지이므로 모두 $4 \times 4 = 16$(가지) 방법으로 색칠할 수 있습니다.

4 인형은 2가지이고, 공은 4가지이므로 고를 수 있는 방법은 $2 \times 4 = 8$(가지)입니다.

4주 특강   창의·융합·코딩   **164**쪽~**169**쪽

1 4, 2, 3, 4

2 ① 5, 3, 15   곱해지는 수와 곱하는
     ② 3, 5, 15   수를 바꾸어 써도 정
     ③ 4, 5, 20   답입니다.

3 ① $\boxed{3} \times \boxed{4} = \boxed{1}\boxed{2}$, $\boxed{4} \times \boxed{3} = \boxed{1}\boxed{2}$

② $\boxed{4} \times \boxed{9} = \boxed{3}\boxed{6}$, $\boxed{9} \times \boxed{4} = \boxed{3}\boxed{6}$

③ $\boxed{6} \times \boxed{7} = \boxed{4}\boxed{2}$, $\boxed{7} \times \boxed{6} = \boxed{4}\boxed{2}$

4 ①, ④, ⑤, ⑨, ⑩ ; ⑥, ⑧ ; ②, ③, ⑦

5 29점

6 ① (위에서부터) 6, 3, 5

② (위에서부터) 8, 3, 6, 1

③ (위에서부터) 10, 5, 3, 6

7 ① 선호, 현수, 수영, 수미, 민하 ; 미준 미리, 진수

② 선호, 현수, 수미 ; 수영, 민하

③ 수영

1

2 ① 가운데에 쌓여 있는 쌓기나무의 수는 5개이고, 3묶음이므로 $5 \times 3 = 15$(개)입니다.

② 가운데에 쌓여 있는 쌓기나무의 수는 3개이고, 5묶음이므로 $3 \times 5 = 15$(개)입니다.

③ 가운데에 쌓여 있는 쌓기나무의 수는 4개이고, 5묶음이므로 $4 \times 5 = 20$(개)입니다.

3 두 수의 곱을 주어진 수로 나타낼 수 있는지 알아봅니다.

① $3 \times 1 = 3$, $3 \times 2 = 6$, $\underline{3 \times 4 = 12}$, $1 \times 2 = 2$, $1 \times 4 = 4$, $2 \times 4 = 8$

② $4 \times 3 = 12$, $4 \times 6 = 24$, $\underline{4 \times 9 = 36}$, $3 \times 6 = 18$, $3 \times 9 = 27$, $6 \times 9 = 54$

③ $6 \times 4 = 24$, $6 \times 2 = 12$, $\underline{6 \times 7 = 42}$, $4 \times 2 = 8$, $4 \times 7 = 28$, $2 \times 7 = 14$

4

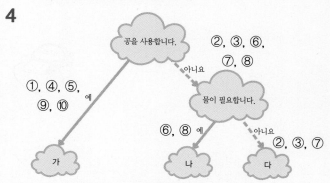

5 2점이 2번, 3점이 3번, 4점이 4번입니다.
$2 \times 2 = 4$, $3 \times 3 = 9$, $4 \times 4 = 16$
➔ $4 + 9 + 16 = 29$(점)

6 ①

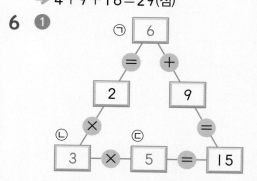

㉠ $+9 = 15$이므로 ㉠은 $15 - 6 = 9$입니다.
㉡ $\times 2 = 6$이므로 ㉡은 3입니다.
$3 \times$ ㉢ $= 15$이므로 ㉢은 5입니다.

②

$2 \times 4 = 8$이므로 ㉠은 8입니다.
㉡ $+7 = 8$이므로 ㉡은 $8 - 7 = 1$입니다.
㉢ $-5 = 1$이므로 ㉢은 $1 + 5 = 6$입니다.
$2 \times$ ㉣ $= 6$이므로 ㉣은 3입니다.

③

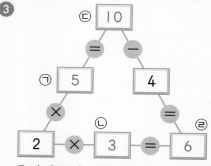

㉢이 ㉣보다 커야 하므로 ㉠에 ㉡보다 더 큰 수를 넣어야 합니다.
㉠이 5이면 ㉢은 10이고 ㉣은 6이 되므로 ㉡은 3이 됩니다.
㉠이 6이면 ㉢은 12이어야 하는데 주어진 수에 12가 없습니다.
㉠이 10이면 ㉢은 20이어야 하는데 주어진 수에 20이 없습니다.

누구나 100점 TEST **170쪽~171쪽**

1 25, 30, 35, 40, 45
2 ㉢　　　　　　**3** 25개
4 예 한글과 한글이 아닌 것
5 20개　　**6** ㉣, ㉆　　**7** 8가지

1 5씩 뛰어세기이므로 수가 5씩 커집니다.

2 ㉠, ㉡, ㉣, ㉤, ㉥은 모두 동물입니다.
㉢ 선풍기는 동물이 아닙니다.

3 모양 1개를 만드는 데 성냥개비 5개가 필요합니다.
➔ $5 \times 5 = 25$(개)

5 $5 \times 4 = 20$(개)

6 주어진 것 중에 동물을 모두 찾으면 ㉡ 참새, ㉣ 악어, ㉤ 까치, ㉆ 사자, ㉥ 매미입니다. 네네는 날 수 없으므로 이 중에서 날 수 없는 것을 찾으면 ㉣ 악어, ㉆ 사자입니다.

7 양말 수와 신발 수를 곱합니다.
➔ $4 \times 2 = 8$(가지)

정답은
이안에
있어!

기초 학습능력 강화 프로그램
매일 조금씩 공부력 UP!

하루 독해   하루 어휘   하루 VOCA

하루 수학   하루 계산   하루 도형   하루 사고력

과목	교재 구성	과목	교재 구성
하루 수학	1~6학년 1·2학기 12권	하루 사고력	1~6학년 A·B단계 12권
하루 VOCA	3~6학년 A·B단계 8권	하루 글쓰기	1~6학년 A·B단계 12권
하루 사회	3~6학년 1·2학기 8권	하루 한자	1~6학년 A·B단계 12권
하루 과학	3~6학년 1·2학기 8권	하루 어휘	예비초~6학년 1~6단계 6권
하루 도형	1~6단계 6권	하루 독해	예비초~6학년 A·B단계 12권
하루 계산	1~6학년 A·B단계 12권		

※ 각 교재별 출간 시기는 조금씩 다릅니다.

배움으로 행복한 내일을 꿈꾸는
천재교육 커뮤니티 안내 . . .

 교재 안내부터 구매까지 한 번에!
천재교육 홈페이지

천재교육 홈페이지에서는 자사가 발행하는 참고서,
교과서에 대한 소개는 물론 도서 구매도 할 수 있습니다.
회원에게 지급되는 별을 모아 다양한 상품 응모에도
도전해 보세요.

 구독, 좋아요는 필수! 핵유용 정보 가득한
천재교육 유튜브 <천재TV>

신간에 대한 자세한 정보가 궁금하세요?
참고서를 어떻게 활용해야 할지 고민인가요?
공부 외 다양한 고민을 해결해 줄 채널이 필요한가요?
학생들에게 꼭 필요한 콘텐츠로 가득한 천재TV로 놀러 오세요!

 다양한 교육 꿀팁에 깜짝 이벤트는 덤!
천재교육 인스타그램

천재교육의 새롭고 중요한 소식을 가장 먼저 접하고 싶다면?
천재교육 인스타그램 팔로우가 필수!
누구보다 빠르고 재미있게 천재교육의 소식을 전달합니다.
깜짝 이벤트도 수시로 진행되니 놓치지 마세요!